岩 波 文 庫

33-615-8

デカルトの哲学原理

附 形而上学的思想

スピノザ著
畠中尚志訳

岩 波 書 店

RENATI DES CARTES PRINCIPIORUM PHILOSOPHIAE PARS I. ET II. COGITATA METAPHYSICA.

Baruch de Spinoza

はしがき

一、「デカルトの哲学原理」及びその附録「形而上学的思想」はスピノザが生前自分の名前を冠して世に出した唯一の書である。前者は、その題名の示す通り、スピノザによるデカルト哲学の解釈であり、後者は、当時まだオランダで勢のあった新スコラ学の諸思想をデカルト的立場で整理し、これにスピノザ自身の思想を点綴したものである。共にラテン文で書かれ、一六六三年出版された。

一、訳出に当ってはカール・ゲプハルト編のゲプハルト版(ハイデルベルヒ版)の第一巻中の同書を用いた。なお、本書の方々にでている〈 〉印の中の文は、原著出版の翌年スピノザの一友人によって蘭訳されかつ増補——恐らくスピノザ自身の関与のもとに——された所謂バリング版からの補遺である。また〔 〕印はその中の句が訳者の補語乃至略註であることを示す。

一、本書の成立の由来とその意義については別に解説の中で述べる。

昭和三十四年七月

訳　者

目次

ルネ・デカルトの哲学原理

附　形而上学的思想

ルネ・デカルトの哲学原理　第一部及び第二部

アムステルダムのベネディクトゥス・デ・スピノザにより幾何学的方法で証明されたもの。

附録、形而上学的思想

この中では形而上学の一般部門並びに特殊部門に出てくる比較的困難な諸問題が簡単に説明される。

公正な読者への御挨拶

ロデウェイク・マイエル

学問を研究し伝達するに当って数学家たちの用いる方法、即ち定義、要請及び公理から結論を導く方法が、真理を探るにも教えるにも、最も善い、最も確実な道であることは、叡智を以て大衆の上に立とうとするすべての人々の一致した見解であります。そしてこの見解は至当なものです。なぜというに、すべて未知な事柄に関する確実で強固な認識は、前以て確実に認識された事柄から汲み取られ導き出されるほかありません。だから我々は、必ずまず、こうした確実なものを、ゆるぎない基礎として根底に据え、しかる後、その上に人間の認識の全建築を立てねばならないのです。こうすれば、その建築は、ひとりでに崩れたり、わずかばかりの衝撃で倒れたりすることがなくなります。ところで、通常数学家たちが定義、要請及び公理と呼びならわしているものがこうした基礎的性格を有することは、数学という高尚な学問を、少しでも窺《うかが》ったことのある人なら、誰しも疑わぬところと思います。というのは、定義は、取り扱わるべき対象を表わす用語や名称についての最も明白な説明にほかなりませんし、一方また要請と公理（換言すれば精神の共通概念）は、それが言い表わしている言葉の意味を正しく理解しさえすれば、誰でも決して同意を拒み得ないような明瞭かつ透徹した命題なのだからであります。

しかし、事情はこうでありますものの、諸君の見られる通り、数学を除いては、ほとんどどんな学問も、この方法で処理されていないのです。これと天地の相違ある他の方法、即ち、定義と分類が絶えずからみ合い、問題と説明がここかしこに混入されるといったやり方によって全体の仕事が片付けられているのです。これというのも、諸種の学問を樹立し叙述しようと企てた人々は、以前にはそのほとんど全部、現在でもなおその多数が、この方法は数学という学問にのみ特有であって、他のすべての学問においては排斥され軽蔑さるべきものだと判断しているからであります。この結果彼らは、自己の主張を何ら不可疑的理由で証明することをせず、ただ尤もらしい蓋然的な論拠で支持しようと努力するにすぎません。そんなわけで、何ら不動・確実なものの含まれていない、むしろ論争と意見の相違とに満ちみちている莫大な書籍の雑然たる山が作り上げられているのです。そして或る人によって薄弱な論拠でどうにかこうにか基礎づけられた事柄は、たちまち他の人によって反駁され、また同じ程度の武器で破壊し粉砕されるのです。このような次第で、不変な真理に渇望する精神は、安全幸福な渡航のできる平穏な水路を発見して望ましい認識の港にたどりつこうともくろみながらも、事実は意見の大海に激しく動揺し、論争の嵐に四方から囲まれ、疑惑の巨浪に絶えず追われ引きずられて、そこからいつまでも逃れるあてのない有様なのです。

とはいうものの、これと別個の考えを持った人々もないわけではありませんでした。彼らは、哲学のこうしたみじめな運命をあわれみ、すべての人々の踏んだ学問処理のこのありきたりの道を捨て、一つの新しい、実に険阻な、多くの困難に満ちた道に分け入りました。そして数学以外に、哲学のその他の部分をも数学的な方法と確実性を以て証明して後世に残そうと思ったのでした。彼らの或る者は、すでに世間に通用し学校でも教えられている哲学を、他の者は自己の力で発見した新しい哲学を、この方法で処理して学界に提示しました。かかる企ては、長い間ひきつづき多くの人々によって空しく試みられて来たのですが、ついに現世紀のあの燦然たる明星ルネ・デカルトが出現するに至ったのです。彼はまず数学において、古人のとても達し得なかった事柄、彼の同時代人でさえ単に願望し得るにすぎなかった事柄を新しい方法で闇から光へ引き出しました。ついで彼は哲学のゆるぎない諸基礎をうち建て、かつ、この基礎の上に極めて多くの真理が数学的な秩序と確実性を以て築かれ得ることを、自ら実際に示したのです。このことは、彼のいくら賞讃してもなお足りない諸著作を熱心に研究したほどの人にとっては、白昼の光よりも更に一層明白なところであります。

尤も、この比類ない著名な人物の哲学に関する諸作品は、なるほど数学における証明方法と秩序とに従っているものではありますが、しかしそれはユークリッドの幾何原本やその他の幾何学者たちの書に普通用いられた方法、即ち定義、要請及び公理をまず先におき、定理とその証明がそれにつづくという方法によって仕上げられているのではありません。デカルトの方法は、むしろこれと極めて異なったものでありまして、彼自らその方法を真実にして最善なる教授方法となし、これを「分析的方法」と名づけています。というのは、彼は「第二駁論への答弁」（一）の終りのところで、不可疑的証明方法に二種類あることを認めております。一は分析的方法で、それは「対象を方法的に、そしていわばア・プリオリに発見する真の道を指し示す」ものであり、他は綜合的方法で、それは「定義、要請、公理、定理及び問題の長い系列を用い、従ってそれは人がそのいずれかの結論を否認する場合、その結論が前提の中に含まれていることを直ちに示すことができ、このようにしてどんなに反抗的で強情な読者からも同意を奪取することができる」ものなのであります。

しかし、この両証明方法の中には、あらゆる疑惑を絶する確実性が含まれているとはいえ、この方法のいずれもが、すべての人々にとって等しく有益かつ便利であるというわけにはまいりません。と申すのは、大抵の人々は数学的学問に全く不案内であり、従って説明方法としての綜合的方法についても、発見方法としての分析的方法についても、全く知るところがないのですから、彼らはこれらの本の中で論じられて不可疑的に証明されている事柄を、自らも理解し得ないし、他人にも説明することができないのです。この結果として多くの人々は、或は盲目的衝動に駆られ或は他の人々の意見に導かれてデカルトの名に帰依したものの、彼の見解と学説を単に記憶に刻み込んだのみであり、これらが話題になる場合、それをただ喋々とおしゃべりするだけであって何事をも証明することができないのです。これは丁度、逍遙学派哲学《ペリパテティカ・フィロソフィア》の信奉者たち(三)がかつてやり、そして今日もなおやっているのと同じことであります。それで、かかる人々に何らかの援助を与えるため、誰か分析的方法にも綜合的方法にも熟達した、特にデカルトの諸作を研究してその哲学に精通した人が出てこの方面の仕事に手をつけ、デカルトが分析的方法で書いた事柄を綜合的方法に書き改め、幾何学に通有の仕方で証明してくれたらと、私は幾度となく希望したことでした。いや私自身自らの非才を十分意識し、そうした重要な仕事にはとても適しないことを知っていながらも、しばしばそれをやってみようという気になり、事実またそれに着手さえしたのでした。しかし私は、他の色々な仕事に忙殺されてこの企てを継続することができなかったのです。

　こんな次第なので、本書の著者が彼の弟子の一人（三）にデカルト哲学を教えるに際し「哲学原理」の第二部全体と第三部の一部分をあの幾何学的方法で証明したもの、並びに形而上学において取り扱われている重要・困難な問題でデカルトもまだ解決していないものを口述筆記させたということ、そしてまた、友人たちの切なる希望と懇願に基づき、この口述原稿を訂正・増補の上で出版するのを承諾したということを著者自身から聞いた時、私は実にうれしかったのです。そこで私もこれに賛意を表すると共に、もし出版に当り私の助力が必要であれば喜んでそれを提供する旨申し出ました。その上私は、「哲学原理」の第一部をも同様の仕方で書き変えてその前に置くように勧告しました。否、お願いしました。こうやって始めから全体を同様の仕方で整備すれば、それは一層理解しやすくなり、また一層人々に喜ばれると思ったからです。彼はこれに十二分の理由があることを見てとったので、この私の願望と読者の利益とに反することを欲しませんでした。そして印刷と出版に関する一切の世話を私にまかせました。彼は都会から遠く離れた田舎に住んでいて、自らこれにたずさわることが出来なかったからです。

こんなわけで公正なる読者よ、我々が本書において諸君に提供するのは次のものです。即ち、「ルネ・デカルトの哲学原理」第一部、第二部及び第三部の断片。それから附録と題して我々の著者の「形而上学的思想」をこれに加えているのです。しかし我々はここで、「哲学原理」の第一部といい、また本書の表題でもそう予告していますが、それはデカルトの「哲学原理」の第一部で述べられている全部がここで幾何学的証明において再現されているというふうには解してもらいたくないのです。この第一部という名称はむしろ重点的意味で附せられたにすぎません。つまりデカルトが彼の「省察録」の中で論じているような形而上学上の重要諸問題のみがそこから取り出されているのです(論理学に関することや、単に歴史的に叙述され考察されていることは、すべて割愛されています)。

この目的を一層容易に果たすために、著者はデカルトが「第二駁論への答弁」の終りに幾何学的秩序で配列したほとんどすべての事柄[四]を、逐語的に採用しています。即ち彼はデカルトがそこで立てた定義全部を本書の始めに置き、それから同じくデカルトの立てた諸定理をば自分のまとめあげた諸定理の間に挿入しています。しかし、デカルトの立てた諸公理は、すぐ定義の後には置かず、それは定理四の後に始めて挿入されており、その順序も証明を一層容易になし得るように変更され、必要でない若干のものは省略されています。これらの公理も(デカルト自身要請七で言っているように)定理と同様証明できること、また実際定理として取りあげる方がもっと適切であることは我々の著者も気づかないわけではなく、また我々もそうしてもらうようにお願いしたのでした。しかし、彼は当時一層重要な仕事[五]に携わっていて、本書の完結にはわずか二週間の余暇しか許されなかったのです。そのため彼は、彼自身の希望にも我々の願望にも満足を与えることができませんでした。彼はただ証明の代りに役立つ短い説明を附加したにすぎず、完全になされた詳細な証明は他日にゆずったのです。これはたぶんこの版が売りつくされて新版が準備されるような時が来れば実現されるでしょう。そうした増補に際し、我々は彼に、「見える世界」に関する第三部全体をも完結してもらうように努力するでありましょう(本書では第三部は単に断片を加えたにすぎません。これは著者がここでその教授を止めたからですが、我々としてはそれがどんなに短いものでも読者諸君にお目にかけずにはおれなかったのでした)。そしてこの補充を正当な秩序で行うためには、第二部においても、流体の本性や諸特質に関する幾つかの定理を所々に附加せねばならぬでしょう。そうした附加をその折著者がやってくれるように、私はできるだけ骨折るつもりです。

我々の著者は公理の提出や説明に際してだけでなく、定理そのものやその他の結論の証明に際してもデカルトからしばしば離れ、デカルトとは甚だ異なった証明法を用いております。しかし誰もこれを以て彼があの著名な人物をその点に於て是正しようと欲したかのように解してはなりますまい。むしろこれは、彼が自分のひとたび定めた秩序を一層よく守り得るように、また公理の数をあまりふやさないようにとの目的からなされたものと思って下さい。同じくこの理由から、彼はデカルトが何ら証明なしに提出した多くのことを証明し、またデカルトが全然省略した多くのことを附加せねばなりませんでした。

けれども私が特に注意したいと思うのは、我々の著者が以下のすべての叙述の中で、即ち、「哲学原理」第一部、第二部及び第三部の断片並びに彼の「形而上学的思想」の中で述べているのは、単にデカルトの著書の中に見出される通りのデカルトの見解とその証明だけなのだ、或は少くもデカルトが立てた基礎から正当な推理によって導出され得るような事柄だけなのだということです。というのは、彼は自分の弟子に対してデカルトの哲学を教えると約束したのですから、デカルトの見解から少しでも遠ざかるまい、またデカルトの学説に不相応な或は反対な事柄は講述しまい、というのが彼の立場だったのです。ですから、彼がここで彼自身の見解、或は彼が承認した限りのデカルトの見解だけを説いているものと断定してはなりません。なぜというに、彼はデカルトの学説の中の若干を真理と判断し、それに自分自身の学説の若干をも附加したことを認めてはいますけれども、しかしそこには彼が誤りとして排斥している事柄、自らは全く異なった見解を抱いているような事柄が多く出ております。その数ある例のうちからとりわけ一つだけを挙げて見るなら、それは「哲学原理」第一部定理十五備考及び「附録」第二部第十二章における、意志に関する問題です。これは十分大なる努力と準備とを以て証明されているように見えますが、やはり彼自身の学説ではないのです。なぜなら、彼の考えによれば意志は知性と異なったものでなく、ましてや意志にはそこに説かれているような自由は認めらるべきでないのです。これをもっと詳しく説明してみましょう。「方法叙説」第四部、「省察録」第二及びその他の多くの個所からわかるように、これらの点に関する議論において、デカルトは人間の精神が絶対に思惟する実体であることを何らの証明なしに単に仮定しています。これに反して我々の著者は、自然の中に思惟する実体が存在することは承認するけれども、しかしそのような実体が人間の精神の本質を構成することには反対しております。むしろ、延長がどんな制限によっても限定されないと同様、思惟もまたどんな制限によっても限定されないことを主張するのです。従って、人間の身体が絶対的なものでなく、むしろ単に延長的自然の法則に従い運動と静止によって一定の仕方で限定された延長であるのと同じように、人間の精神或は霊魂もまた絶対的なものでなく、むしろ単に思惟的自然の法則に従い観念によって一定の仕方で限定された思惟である、と彼は主張します。そしてこの思惟は人間の身体が存在し始めるや否や必然的に与えられる、と彼は結論しているのです。この定義からして、意志は知性と区別されるものでないこと、ましてや意志はデカルトが認めているような自由を有するものでないことを容易に証明し得ると彼は考えます。いや、肯定及び否定する能力さえが、彼によれば、全く空想の産物にすぎないのです。肯定及び否定は、彼の考えでは観念以外の何ものでもなく、また知性とか欲望とかいったその他の能力も、空想上の存在、或はせいぜい人間が事物を抽象的に把握することによって形成した概念の中に数えねばならぬものであって、その点それは、人間一般とか石一般とかいった概念と異ならないのです。

なおまたここに申さずにおれませんのは、本書の若干個所に見出される「このこと或はあのことは人間の把握力を越える」という表現も、これと同じ意味で受取らねばならぬということ、つまりそれは、ただデカルトの考えだけを言ったものにすぎないということです。即ちこれを我々の著者が自己の見解に基づいて言ったのだというふうにはとるべきではないのです。なぜなら、彼の判断によれば、これらすべてのこと、更にはもっと崇高で微妙な他の多くのことが明瞭判然と我々に把握されるばかりでなく、また極めて容易に説明され得るからであります。尤もこれは、人間の知性がデカルトによって開拓されたとは異なった別な道をたどって真理の探究や事物の認識に導かれる場合のことです。従って我々の著者によれば、デカルトが据えた学問の諸基礎並びにその基礎の上に立てた建築は形而上学に現われるすべての極めて困難な問題を闡明し解決するに十分でないのです。我々が我々の知性を認識のあの頂上にまで高めようと欲すれば、むしろ他の基礎を必要とするというのです。

最後（六）に我々はこの序文を終えるに当り、読者諸君に次のことを知っていただきたく思います。それは以下の全論文は、真理を探究しまたこれを普及し併せて人々を真実で公正な哲学の研究へ刺戟しようとする目的からのみ公表されたのだということです。それ故諸君がそこから豊かな果実を摘み取り得る――それは我々の心から希望するところであります――ためには、本書を読みにかかる前、あらかじめ若干の脱落をそれぞれの個所に挿入し、また、いつしか入り込んだ誤植を正確に訂正していただきたいと思います。私が特にこう申すのは、正誤表を御らんになればどなたにも容易にお分りの通り、それらの中には、証明の効力や著者の精神を正しく理解するのに

妨げとなり得るものが幾つかあるからであります。(七)

この書に寄す

お前はより善き天才から新しく生れ出たと言われるにせよ、
　或はデカルトの泉から再生《レナトウス》(八)して現われたにせよ、
小さな書物よ、お前の繰りひろげるすべては、お前のみの功績で、
　お前の受けるどんな賞讃も他からのおかげではない、
お前の才華を見ても、お前の学説を見ても、
私はお前の著者を星の高さにまで讃えざるを得ない、
お前の著者のなしたことはこれまでたぐいのないことだった、
　しかし、願わくば小さな書物よ、お前はたぐいないままでは終らないでくれ、
スピノザがデカルトにしてやっただけのことを、
そのままスピノザがスピノザ自身のためにしてくれんことを！

I・B・M・D・(九)

幾何学的方法で証明された
哲学原理

第一部

緒論

個々の定理とその証明にはいる前に、あらかじめ次のことを簡単に説明するのが適当と思われる。それは、なぜデカルトが一切を疑ったか、どんな道程によって彼は学問の堅固な基礎を探し当てたか、またいかなる手段で彼はついにいっさいの懐疑から解放されたかということである。これらすべてを私は数学的秩序で述べたかったのである。しかしそうすれば、それに必要な複雑な仕組のため、絵画の場合のように一目で見られねばならないこれらすべてのことが、かえって理解しにくくなると思われるのでそれは見合せることにした。(一)

ところでデカルトは、事物の探究に当りできるだけ慎重に歩を進めるため、次のことに努力したのであった。

一、すべての先入見を除き去ること。

二、一切のものがその上に建設さるべき基礎を発見すること。

三、誤謬の原因を明らかにすること。
四、すべての事柄を明瞭判然と認識すること。

さて、この第一、第二及び第三に到達し得るため、彼はいっさいを疑い始めるのである。しかしそれは疑うことのほか何の目的もない懐疑論者としてではなかった。むしろ精神をいっさいの先入見から解放し、それによってついに確固不動な学問の基礎を見出すためであった。もしそういう基礎が存在するものならば、それはこうして歩を進めた彼の目から逃れるはずはなかった。というのは、諸〻の学問のための真の原理は、何らの証明も要せず、疑惑のあらゆる危険を脱し、それがなければ何事も証明され得ないといったような、極めて明瞭確実なものでなければならぬからである。事実彼は長い懐疑の果てにこの原理を発見したのであった。そして、かかる原理を発見した後は、真偽を識別し誤謬の原因を明らかにすることも、また、偽なるもの疑わしきものを、真なるもの確実なるものと思いちがいしないようにすることも、彼にとって困難ではなかった。

しかし最後の第四を手に入れるために、換言すれば、すべての事柄を明瞭判然と認識するために、彼はすべての単純な観念——そうした単純な観念からその他のいっさいの観念は成っている——を数えあげてその各〻を吟味することを根本規準とした。単純な観念が明瞭判然と把握され得るものなら、そうした単純な観念の合成であるその他のいっさいの観念も、疑いなく同じように明瞭判然と認識されるはずだからである。

以上の前置きをしておいて、私は彼がどんな仕方でいっさいを疑ったか、どのようにして学問の真の原理を発見したか、またどのようにして懐疑の泥沼から脱却したかを手短かに述べるであろう。

いっさいに対する懐疑　そこでまず彼は感覚から受取ったいっさいのものを自らの眼前に思い浮べる。即ち、天や地やその他これに類するもの、更にまた彼自らの身体をも。これらすべてを彼はこれまで自然の中に存在すると考えていた。さていま彼はこれらのものの確実性を疑うのである。なぜなら、彼は感覚が折々彼を欺いたことを知っていたし、また眠りの中で外界に実在すると信じていた多くのものが、後でしばしば迷誤であることを経験していたからである。最後にまた彼は、手足をずっと前に失った人々が覚醒時においてさえ、その無いはずの手足に痛みを感ずると言うのを聞いていたからである。こんな次第で、彼が自らの身体の存在をも疑ったのは無理からぬ次第だった。そしてこれらすべてから推して、感覚はいっさいの学問をその上に建設すべき最も堅固な基礎ではない(感覚で得たものは疑われ得るから)、むしろ確実性は我々にとって一層確実な他の原理に依存する、という当然な結論を彼は下した。そこでこうした原理を探究するため、第二に彼はすべての普遍的なものを思いうかべる。例えば物体的自然一般とその延長、形状、分量などを。同様にまたすべての数学的真理をも。そしてこれらのものは感覚から得たすべてのものより彼にとって確実であるように思えたけれども、やはり彼はこれらのものを疑うべき理由を見出した。それは他の人々がこうしたことについても誤謬を犯していたし、また特に或る古い意見が彼の心にまつわりついていたからでもある。その意見というのは、何でもできる神が存在していて、この神によって彼は現に彼がある通りのものとして創造されたのであるが、この神は何でもできるだけに、彼に最も明瞭と思えることがらに関してさえも彼が思い誤まるように仕組んでいるかも知れないという意見である。このような仕方で彼はすべての事柄を疑ったのであった。

すべての学問の基礎の発見　こう疑った後で彼は諸〻の学問の真の原理を発見するために、一体自分は思惟し得るすべてのものを疑ったのかどうかを吟味してみた。そして、万一まだ疑わなかった何物かが残っていないかどうかを探し出そうとした。もしこの懐疑において、前述の諸理由からも、他の何らの理由からも、疑い得ないものを何か発見するとしたら、それこそ彼のすべての認識をその上に築くべき基礎と見なさなければならぬと彼は至当にも判断した。そして彼はどうやらもうすべてを疑ったように見えたけれども、——というのは彼は感覚から得たものも、知性のみによって把握したものも等しく疑ったのだから、——それでもなおまだ探究すべき或るものが残っているのを見出した。それは、かく疑っている彼自身であった。とは言っても、それは頭や手やその他の身体の部分から成っている限りの彼ではない。そうしたものはすでに疑ってしまっているのだ。そうではなくて、ただ疑ったり思惟したりする限りにおいての彼である。そしてこれを精密に検討した結果、彼は前述のどんな理由によってもこれを疑い得ないのを発見した。即ち、夢の中で思惟するにしても、目醒めていて思惟するにしても、彼が思惟しかつ存在することは確かである。そして、他の人々或は彼自身が、他の多くのことに関して誤ったとしても、誤った限りにおいて彼らはやはり存在したのである。また、彼の本性の創造主が、この点に関してさえ彼を欺くほど狡智であると考えることはできない。なぜなら、彼が欺かれると想定しても、欺かれる限りにおいて彼が存在することは容認されねばならぬからである。最後に彼は疑うべき他のどんな理由を考えて見ても、同時に彼の存在に関する十分な確実性を与えてくれないようなものは考えつくことができなかった。否、むしろ疑うべき理由が多く出てくれば出てくるほど、同時に彼の存在を確信させるそれだけ多くの論拠が出てくるのである。このようにして彼は、どこまで疑いをつづけて行ってみても、結局次の言葉を発せざるを得ない。「私は疑う、私は思惟する、故に私は存在する」と。

この真理を発見すると同時に、彼はすべての学問の基礎を発見し、またその他のすべての真理の尺度と規準をも発見したのであった。曰く「この命題と同様に明瞭判然と認識されるものはすべて真である」。

ところで、学問の基礎がこれ以外のものであり得ないことは、前述の事柄から十二分に明瞭である。というのは、その他のすべては我々の容易に疑い得るところだが、これだけは決して疑い得ないからである。しかし、この基礎に関してここに特に注意せねばならぬのは、「私は疑う、私は思惟する、故に私は存在する」というこの命題は、大前提の隠された三段論法ではないということである。もし三段論法だとすれば、「故に私は存在する」という結論よりも、その前提の方が一層明瞭で一層熟知されたものでなければならぬ。そうすると、「私は存在する」ということは、すべての認識の第一の基礎でなくなる。そればかりでなく、それは確実な結論でもなくなる。というのは、この場合その命題の真理性は、著者が以前すでに疑った普遍的概念の前提の上に成り立つことになるからである。だから、「私は思惟する、故に私は存在する」(cogito, ergo sum) という命題は、「私は思惟しつつ存在する」(ego sum cogitans) という命題と意義を同じくする単一命題なのである[二]。

更に我々は、以下において混乱の生ずるのを避けるために(なぜなら事態は明瞭判然と認識されねばならぬから)、「我々とはいかなるものであるか」を知らねばならぬ。このことが明瞭判然と理解されるならば、我々の本質を他のものと混同するようなことはなくなるであろう。そこでこれを前述の事柄から導き出すため、我々の著者は次のように論を進める。

彼は、以前自分自身について考えたことのすべてを記憶の中に呼びもどしてみる。例えば、彼の霊魂はあたかも風か火かエーテルのように身体の粗雑な部分に沁みわたっている或る微細なものであるとか、身体は霊魂よりも彼に一層よく知られ一層明瞭判然と知覚されるとかいったようなことである。そしてこれらすべては、彼がこれまで理解した事柄と明白に矛盾することに気づいた。なぜなら彼は、思惟する限りにおいての彼の本質については疑うことができなかったが彼の身体については疑い得たからである。その上これらのことは明瞭判然と知覚されたわけではなく、従って彼は自分の方法の指令にもとづいて、これらの事柄を虚偽なるものとして排斥せねばならなかった。こんな次第で、こうしたものは彼がこれまで自分自身を認識した限りにおいて、彼自身に属すると解することができないので、更に彼は元来彼の本質に属しているもの、彼が決して疑い得ずまたそれから彼の存在を結論せざるを得ないようなものを探しつづける。そしてそれは次のようなものである、「自分は欺かれないように用心しようと欲した。多くのことを理解しようと望んだ。理解し得なかったすべてのことを疑った。これまでただ一つの事柄だけを肯定した。その他のいっさいを否定してこれを虚偽なものとして斥けた。また多くのことを意《おも》わずも想像した。そして最後に、多くのことを感覚に由来するものと認めた」。さて彼はこれらの条項の各〻から等しく明瞭に彼の存在を推知することができ、そしてこれらのどれをも疑わしいものの中に数えることができず、最後にまた、これらすべては同一属性の下に解され得るのであるから、この帰結として、これらすべては真であって彼の本性に属するものであるということになる。従って彼が、「私は思惟する」と言った場合、彼はそれを以て、これらの思惟様態のすべてを、即ち、「疑うこと、理解すること、肯定すること、否定すること、欲すること、忌避すること、想像すること、感覚すること」のすべてを意味したのである。

しかし、ここに特に注意せねばならぬことで、後で精神と身体の区別を論ずる場合に非常に大切なことがある。それは第一に、これらの思惟様態はまだ疑われているようなその他の事柄とは切り離して明瞭判然と理解されるということ、第二に、これらの思惟様態について我々の有する明瞭判然たる概念も、我々がまだ疑っているような何事かをこれに附加しようとする時、曖昧になり混乱してくるということである。

一切の懐疑からの解放　終りに彼は、それまで疑っていたすべてのことに関して確実性を獲得してすべての懐疑を除去するため、最高完全な実有の本性とそうしたものが果たして存在するかどうかの吟味へ進む。なぜなら、自らの力によっていっさいを産出し、維持し、そして欺瞞者であることがその本性に矛盾するような最高完全な実有の存在することがわかったとしたら、彼が自己の原因をよく知らなかったばかりに抱いたあの懐疑理由は除去されるであろうからである。即ちそうなれば彼は、真と偽を識別する能力が最も慈悲深くかつ誠実な神から彼を欺くために彼に与えられたのでないことを知るであろうし、またこの結果数学上の諸真理、或は彼に最も明白に思われるすべての事が決して疑わしくなくなるであろう。次いで彼は懐疑のその他の諸原因を除去するため歩を進め、我々が時折誤謬を犯すのは一体何に由来するかを探究する。これは我々が我々の自由意志を濫用して、我々がただ混乱して知覚するにすぎないところのことに対しても同意を与えることから生ずるのだということを彼は見出した。そこで彼は直ちに、明瞭判然と知覚した事柄にのみ同意を与えさえすれば今後誤謬を防ぎ得ると結論することができた。このようなことは誰でも容易に実行し得るのである。人は誰でも意志を抑制してこれを知性の限界内に止まるようにする力を持っているからである。しかしながら我々は若い時分から多くの先入見に囚われていて、これから容易に解放されないものであるから、彼は更に進んで、これらの先入見から解放され、明瞭判然と知覚するものだけを受入れるようにするために、我々のすべての思想を構成するいっさいの単純な概念と観念を数え挙げ、これを一々検討し、その各〻の観念の中、何が明瞭で何が曖昧であるかを知ろうとする。こうすることによって彼は容易に、明瞭なものと曖昧なものを区別し、明瞭判然たる思想を形成することができるであろう。そしてこれと共に、容易に霊魂と身体の間の実在的区別を発見し、また感覚から得たもののうちで何が明瞭で何が曖昧であるかを知り、最後にまた、どの点に夢と覚醒との差異があるかを知ることができるであろう。こうした結果、彼はもはや自分の覚醒について疑うことも、また感覚に欺かれることもできなくなった。このようにして彼は上に挙げたすべての懐疑から解放されたのである。

しかし私はこの緒論を終える前に、次のように反駁する人々に満足を与えねばならぬように思われる(三)。彼らは言う、神が存在するということはそれ自体では我々に知られるものでないのだから、我々はどんなことについても決して確実であり得ないように思われる。また神が存在するということは、我々にはいかにしても〔他物を通しても〕知られ得ないであろう。不確実な前提（というのは、我々が我々の起源を知らない限り、すべてのことは不確実であると我々は言ったのだから〕からは、どんな確実なことも結論され得ないからである、と。

この難点を除くためデカルトは次のように答える。我々の起源の創造者が我々に極めて明白に思える事柄においてさえ我々を欺くように我々を創ったかどうか我々はまだ知らないにしても、それだからとて我々は、それ自体によって或は論証によって（但しこの場合は我々がその論証によく注意する限りにおいて）明瞭判然と理解するところの事柄についても疑い得るということには決してならない。疑い得るのはただ、我々が以前真だと証明した事柄で、その記憶は蘇り得るがもはやそれを導き出した論拠は忘れてしまって注意せずにいるような事柄についてのみである。だから神の存在することが、それ自体においてではなく単に他物を通してのみ知られ得るとしても、その結論の根拠となるすべての前提に十分精密に注意しさえすれば、我々はやはり神の存在についての確実な認識に達し得るのである、と。「哲学原理」第一部十三節、「第二駁論への答弁」その三、及び「省察録」第五の終り参照。

しかしこの答は一部の人々を満足させていないので、私は他の答を与えるであろう。我々は先に我々の存在の確実性と自明性について語った時、我々の存在を次の事実から結論したのであった。それは、我々の精神の眼をどこに向けようとも、それによって我々に我々の存在を確信させないような何らの懐疑理由をも発見しなかったという事実である。即ち我々の固有の本性に注意した場合でも、また我々の本性の創造者を狡智な欺瞞者と仮想した場合でも、最後にまた、我々の外にある何か他の懐疑理由を持って来た場合でもそうだったのである。こうしたことは、我々の知る限りこれまで他のどんなことについても起らなかった。というのは、例えば三角形の本性に注意した場合、我々はその三角の和が二直角に等しいと結論せざるを得ないけれども、しかし我々が我々の本性の創造者によって欺かれているかも知れないということになれば、同じ結論はなされ得ないからである。この点、その同じ疑いからも我々の存在は極めて確実に推知し得たのとは事情が違う。だからして、我々が精神の眼をどこへ向けようとも、三角形の三角の和は二直角に等しいと結論せざるを得ないのではなく、反対に我々は懐疑の原因を見出すのである。そしてそれは、神が欺瞞者であると考えることを我々に不可能ならしめるような神の観念を我々が持たないからである。なぜなら、神について真の観念を持たない人にとっては(我々は今そうした観念を持たないものと仮定する)、自分を創造したものが欺瞞者であると考えることも欺瞞者でないと考えることも等しく容易なのである。あたかも三角形について何らの観念を有しない人にとって、三角形の三つの角の和が二直角に等しいと考えることも等しくないと考えることも同じく容易であるように。それ故我々は、「神の明瞭判然たる観念を持たない限りは、我々の存在を除く他のいかなる物についても、たとえその証明にどんなに注意したところで、我々は絶対的確実性を有し得ない」ということはこれを容認する(神のこの明瞭判然たる観念こそは、神が最も誠実な者であることを我々に肯定させるものであって、それはあたかも三角形について我々の有する観念が、三角形の三角の和は二直角に等しいことを我々に結論させずにおかないのと同様である)。しかし我々は、「それだから我々はどんなものの認識にも到達し得ない」ということはこれを否定する。なぜなら、前述のすべてのことから明らかなように、全問題の核心は係って次の点にのみ存するからである。それは即ち、神が欺瞞者であると考えることも欺瞞者でないと考えることも等しく容易であるなどということのないように我々を決定する神の観念、むしろ神が最も誠実な者であることを我々に肯定させるように我々を強いる神の観念、そうした神の観念を我々は形成し得るということである。事実、我々がこうした観念を形成するや否や、数学的諸真理に対するあの懐疑理由は除去されるであろう。なぜなら、その場合我々がこのような数学的真理を疑おうとして精神の眼をどちらに向けようと、我々は、我々の存在についてそうであったように、そうした真理が最も確実であることを結論してならないような理由を見出し得ないからである。例えばひとたび神の観念を発見した後、三角形の観念に注意するなら、この観念は三角形の三角の和が二直角に等しいことを我々に肯定せしめずには置かぬであろう。また神の観念に注意するなら、この観念はやはり神が最も誠実な者であり、そして我々の本性の創造主でまたその継続的維持者であり、従ってまた我々をこの真理に関して欺くことがないということを我々に肯定せしめずにはおかないであろう。そして我々が神の観念に注意する場合(我々は今はそうした観念を所有しているものと仮定する)、神を欺瞞者であると考えることは、三角形の観念に注意する場合その三角の和を二直角に等しくないと考えると同様に不可能であろう。かくてたとえ我々の本性の創造者が我々を欺くかどうか我々は知らないにしても、我々が三角形についてそうした観念を形成し得るように、我々はまたたとえ我々の本性の創造主があらゆる点で我々を欺くかもしれぬと疑ってみても、やはり神の観念を我々に明瞭にして眼前に思いうかべることができる。そして我々がこの観念を持ちさえすれば、それをどのような仕方で獲得したとしても、すでに示したようにあらゆる疑惑を除去するに十分であろう。さて以上を前提として私はさっきの疑問に答える。我々がいかなるものについても確実であり得ないのは、我々が神の存在を知らない限りにおいてではなく(なぜなら、このことについては今問題になっていないから)、ただ我々が神についての明瞭判然たる観念を持たない限りにおいてのみである、と。だからもし誰かが私に対して反駁しようとするなら、その反駁は次のようなものでなければならぬ。我々は神について明瞭判然たる観念を持たないうちは、いかなるものについても確実であり得ない。しかるに我々の本性の創造者が我々を欺くかどうかを知らない限り、我々は神について明瞭判然たる観念を持ち得ない。故に我々は、我々の本性の創造者が我々を欺くかどうかを知らない限り、いかなるものについても確実であり得ない云々と。これに対して私はその大前提を肯定し小前提を否定して答とする。我々は、たとえ我々の本性の創造者が我々を欺くかどうかを知らなくても、三角形について明瞭判然たる観念を持っているからである。そして私が先に十分示したように、我々が神についてそうした観念を持ちさえすれば、我々は、神の存在に関してもまた数学上の真理に関しても疑い得ないであろう。(四)

以上を緒論として、我々は今や本論へ進む。

定義(五)

一、思惟(cogitatio)という語によって私は、我々のうちにあって我々に直接に意識されるいっさいのものを包括する。

このようにして意志、知性、想像及び感覚の作用はすべて思惟である。しかし私は「直接に」という語を附加した。それは思惟から生ずる事柄を取り除くためである。例えば有意運動は、たしかに思惟を原理として持つが、それ自身はしかし思惟ではない。

二、観念(idea)という語を私は、各々の思惟の形相(forma)と解する。この形相の直接的知覚によって私はその思惟自身を意識するのである。

従って、私が私の言うところのことを理解している時、まさにこのことによりその言葉で表わされているものの観念が私のうちにあることが確かなのでなくては、私は言葉で何ものをも表現することができぬ。かくてまた私は、想像のうちに描かれた単なる映像を観念と呼びはしない。否、私はここでこうしたものを、それが身体的な想像のうちに、換言すれば脳の或る部分のうちに描かれている限りにおいては決して観念と呼ばず、ただそれが脳のその部分に向けられた精神自身を告知する限りにおいてのみ観念と呼ぶのである。

三、観念の想念的実在性(realitas objectiva ideae)ということを、私は観念によって表現された事物の、観念のうちにある限りにおいての実有性(entitas)と解する。

そして同じ仕方で、想念的完全性とか想念的巧緻とか言われることができる。観念の対象のうちにあるものとして我々の知覚するすべてのものは観念そのもののうちに想念的に(objective)あるからである。(六)

四、同じものは、それが我々の知覚する通りに観念の対象のうちにある時、形相的に(formaliter)観念の対象のうちにあるといわれる。またその通りにではなく、かえってこれを補充し得るほどに大きなものである時は、優越的に(eminenter)対象のうちにあると言われる。(七)

注意。原因がその結果の完全性を優越的に含むと私がいう時、原因が結果の完全性を、結果自身が含んでいるより高い程度において含んでいることを意味させたいと思う。なお公理八を見よ。

五、我々の知覚する或る物が、換言すれば我々のうちにその実在的な観念が存する或る特質または性質または属性が、それを主体としてそれに直接内在しているところのもの、或はそれによって存在しているところのもの、そうしたものはすべて実体(substantia)と呼ばれる。

事実我々は、厳密な意味における実体そのものについては、「それは我々の知覚する或る物が、つまり我々の観念のどれかのうちに想念的に存在する或る物が、それのうちに形相的にか或は優越的に存在するところのものである」という観念しか持っていないのである。

六、思惟がそれのうちに直接内在する実体は精神(mens)と呼ばれる。

私はここで霊魂(anima)と言わずに精神と言う。なぜなら霊魂という名称は二義的であって、しばしば物体的なものを表現するからである[八]。

七、延長の、並びに延長を前提とする偶有性(accidentia)——例えば形状、位置、場所的運動等——の、直接の主体である実体は物体(corpus)と呼ばれる。

しかし精神及び物体と呼ばれるものが同一実体であるか、それとも二つの異なった実体であるかは後に探究されるであろう。

八、それ自体によって最高完全であると我々が理解し、そしてそれのうちに、欠陥或は完全性の制限を含むような何ものをも全然我々が認めない実体は、神(Deus)と呼ばれる。

九、或る事柄が或る事物の本性或は概念のうちに含まれていると我々がいう時、それはその事柄がその事物について真実である、或はその事柄がその事物について真実に肯定され得る、と言うのと同じである。

十、二つの実体のうちの一が他なしに存在し得る時、その二つの実体は実在的に区別されると言われる。

デカルトの要請はここでは省略した。我々は以後においてそれらの要請から何ものをも結論していないからである。しかし我々は、読者諸君がそれらの要請に自ら目を通して注意深く考慮されんことを切にお願いする(九)。

公理(一〇)

一、未知の事物の認識と確実性に到達するには、認識と確実性においてその未知の事物に先立つ他の事物の認識と確実性によるほかない。

二、我々の身体の存在を我々に疑わせる諸〻の理由が存する。
このことについては緒論の中で説明した。だからここでは公理として立てる。

三、もし我々が精神及び身体以外の何ものかを有するとしたら、そうしたものは、精神や身体ほどには我々に知られない。

これらの公理は我々の外部にある事物について何らかの肯定をするものでなく、ただ、思惟する者である限りの我々のうちに我々が見出すものについてのみ言われていることに注意されたい。

定理一（一）

我々は自分が存在することを知らない間はどんなものについても絶対に確実ではあり得ない。

証明

この定理はそれ自身で明白である。なぜなら、自分が存在することを絶対に知らない者は、同時にまた、自分が肯定したり否定したりする者であることをも、換言すれば自分が確実に肯定したり否定したりすることをも知らないからである。

なおここに注意すべきことがある。それは、我々は多くの事柄を大なる確実性を以て肯定したり否定したりしているが、自分が存在していることには意を留めていないこと、しかしこのことが不可疑的なものとして前提されない限りすべての事柄は疑われ得るということである。

定理二

「私は存在する」ということはそれ自体で知られなければならない。

証　明

もしこれを否定するなら、「私は存在する」ということは他物によってのみ知られることになるであろう。そして、その他物の認識と確実性は、我々のうちにおいて、「私は存在する」ということの命題に先立つであろう(公理一により)。しかるにこれは不条理である(二三)(前定理により)。故に「私は存在する」ということは、それ自体で知られねばならぬ。Q・E・D・

定理三

「私は存在する」ということは、私が身体から成るものである限りにおいては第一に認識されることでもないし、またそれ自体で認識されることでもない。

証　明

我々に我々の身体の存在を疑わせるいろいろな理由がある(公理二により)。故に我々が我々の身体の存在の確実性に到達するには、認識と確実性においてそれに先立つ他の事物の認識と確実性によるほかない(公理一により)。従って「私は存在する」というこの命題は、私が身体から成る限りにおいては第一に認識されることでもなければ、それ自体で認識されることでもない。Q・E・D・

定理四

「私は存在する」ということは、我々が思惟するものである限りにおいてのみ第一に認識されることである。

証明

「私は物体的なものである、或は身体から成るものである」という命題は、第一に認識されることでない(前定理により)。また、私が精神及び身体以外の他のものから成る限りにおいては、私は私の存在について確実でない、なぜなら、もし我々が精神や身体と異なる或る他のものから成っているとすれば、そうしたものは身体ほどにも我々に知られないのであるから(公理三により)。故に「私は存在する」ということは、我々が思惟するものである限りにおいてのみ第一に認識されることである。Q・E・D・

系

ここからして、精神即ち思惟者は身体よりも一層よく知られるということが明らかになる。なお、もっと詳しい説明については、「哲学原理」第一部十一及び十二節を読まれたい。

備　考

各〻の人は、自分が肯定し、否定し、疑い、理解し、想像し等々すること、或は自分が疑いつつ、理解しつつ、肯定しつつ、――つまり一言でいえば思惟しつつ――存在することを極めて確実に知覚する。そして誰も決してこのことを疑い得ない。それだから、「私は思惟する」或は「私は思惟しつつ存在する」というこの命題は、哲学全体の唯一の基礎であり(定理一により)、また最も確実な基礎である。そして学問においては、我々が事物について最も確実であるためには、いっさいを最も確固たる原理から導き出しかつそれをばそれを導き出した原理と同様に明瞭判然たらしめること以外の何ごとも求め望むことができないのだから、ここからして、すでに発見された我々の原理と同様に我々にとって自明でありまた同様に明瞭判然と知覚されるいっさい、並びに我々がそれを疑おうと欲すればこの原理をも疑わねばならぬほどにこの原理と一致しこの原理に依存しているいっさいは、最も真実なものと見なされねばならぬことが明白になる。

しかし、これらのものを列挙するに当ってできるだけ慎重に進むため、私は最初にはただ各人が思惟する限りにおいて自らのうちに観察することだけを〔この原理と〕同様に自明なもの、また同様に明瞭判然と我々に知覚されたものと認めることにしよう。例えば自分がこのことまたはかのことを意欲すること、自分がかくかくの一定観念を有すること、或る観念は他の観念よりも一層大なる実在性と完全性を含むこと、即ち、実体の実有性と完全性を想念的に含む観念は単に或る偶有性の想念的完全性を含むにすぎない観念よりもはるかに完全であること、最後に、最高完全な実有の観念はすべての観念のうち最も完全であることなどである。私はいう、これらのことを我々は、〔あの原理と〕同様に自明的にかつ同様に明瞭に知覚するだけでなく、恐らく一層判然と知覚するのであると。というのは、これらのことは、我々が思惟することを明示するばかりでなく、いかなるふうに我々が思惟するかをも明示するからである。

更にまた我々は、我々のこの確固不動な基礎を同時に疑うことなしには疑い得ないようなものをもこの原理と一致すると言わねばならぬ。例えば無からは何ものも生じないという命題を誰かが疑がおうとするなら、彼は同時に、思惟する限りにおいての我々の存在をも疑い得るであろう。なぜなら、もし私が無について何事かを肯定し得るなら、即ち無が何か或る事物の原因であり得ることを肯定できるなら、同時に私は同じ権利を以て、無について思惟を肯定し、そして、私は思惟する限りにおいて無である、ということもできるからである。しかし思惟する限りにおいての自己の存在を否定することは私にとって不可能であるから、無から何か或るものが生ずると考えることも私には不可能なことになる。

以上の考察の後、我々は更に論を進め得るため、現在我々に必要と思える諸原理を適当な秩序でここに思い浮べ、これを先に挙げた公理に附加することにした。その理由は、デカルトがそうしたものを「第二駁論に対する答弁」の終りで公理として提出したからであり、そして私も別に、彼以上厳密でありたいと欲するわけではないからである。しかし、すでに始められた秩序から外《そ》れないために、私はこれらのものをできるだけ明瞭にし、そしてどのようにしてその一が他に依存するか、またどのようにしてそれらすべてが「私は思惟しつつ存在する」というこの原理に依存するか、或は自明性と根拠においてこの原理と一致するかを示すことにつとめるであろう。

公　理（一三）

――デカルトから採用したもの――

四、実在性の、或は実有性の、種々の段階がある。というのは実体は偶有性(accidens)乃至様態(modus)よりも一層多くの実在性を持ち、また無限な実体は有限な実体よりも一層多くの実在性を持つからである。従って、実体の観念のうちには、偶有性の観念のうちにあるよりも一層多くの想念的実在性があり、また無限な実体の観念のうちには有限な実体の観念のうちにあるよりも一層多くの想念的実在性がある。

この公理は、我々がその存在について確実であるところの我々の諸観念――我々がこれらの観念の存在について確実であるのはこれらの観念が思惟の様態だからである――を考察しただけで知られる。というのは我々は実体の観念が実体についてどれだけ多くの実在性或は完全性を肯定するか、またこれに反して、様態の観念が様態についてどれだけ多くの実在性或は完全性を肯定するかを知っている。このような次第で我々はまた必然的に、実体の観念が偶有性の観念よりも一層多くの想念的実在性を含み云々ということを知るのである。定理四の備考参照。

五、思惟するものは、もし自分に欠けている何らかの完全性を知るなら、自分にできる限りは、それを直ちに自分に与えるであろう。

　誰でも思惟するものである限りこのことを自分のうちに認める。だから我々はこのことについては極めて確実である(定理四の備考により)。そして、これと同じ理由から我々は次の公理についても同様に確実である。即ち

六、すべての事物の観念或は概念のうちには、可能的な存在かそれとも必然的な存在かが含まれている(デカルトの公理十を見よ)。

　必然的存在は、神の概念即ち最高完全な実有の概念のうちに含まれている。なぜというに、もしそうでないとすれば、神は不完全なものとして考えられることになるが、これは前提された概念に反するからである。これに対して偶然的或は可能的存在は、制限された事物の概念のうちに含まれている。

七、いかなる事物も、また事物の、現実に存在するいかなる完全性も、無或は存在しないものをその存在の原因として持つことができない。

　この公理が我々にとって、「私は思惟しつつ存在する」という命題と同様に明瞭なものであることを、私はすでに定理四の備考で示した。

八、或る事物のうちに存するすべての実在性或は完全性は、この事物の第一の、かつ妥当的な原因のうちに、形相的にかそれとも優越的に存する。

「優越的に」とは、原因が結果のすべての実在性を、結果そのものよりも一層完全に含む場合のことと私は解する。これに反して「形相的に」とは、原因が結果のすべての実在性を結果と同じ程度に完全に含む場合のことと解する。

この公理は前公理に依存する。なぜなら、もしも原因のうちに何ものも存在しないか、或は結果のうちに存在するほどには存在しないと仮定すれば、原因のうちの無が結果の原因であることになるであろう。しかしこれは不条理である(前公理により)。故にどんなものでも或結果の原因たり得るわけでなく、むしろ正にただ結果のうちに含まれているすべての完全性を、優越的に或は少くとも形相的に含んでいるものだけが原因たり得るのである。

九、我々の観念の想念的実在性は、この同じ実在性を単に想念的にだけでなく形相的にか或は優越的に含む原因を要求する。

この公理は多くの人々に誤用されているけれども、とにかく一般に認められているところである。なぜなら人は何か新しいものを概念する場合、必ずその概念或は観念の原因を求めるからである。そしてその概念のうちに想念的に含まれているだけの実在性を形相的にか或は優越的に含む或る原因を見つけて初めて満足する。このことはデカルトが「哲学原理」第一部十七節で挙げた機械の例で十分説明される。このようなわけでまた、人間は自分の思惟の観念や身体の観念をどこから得るかという問題が出される場合、人間はこれらの観念が想念的に含むいっさいを形相的に含んでいるから、これらの観念を人間が自分自身から得ていることは誰にもわかる。だからもし人間が自分の有する形相的実在性よりも一層多くの想念的実在性を含むような或る観念を持つとしたら、我々は自然的光明に促されて、必然的に、このすべての完全性を形相的にか或は優越的に含む他の原因を人間自身の外に求めるであろう。そして何人もいまだ、この原因のほかに同様に明瞭判然と考えられるような他の原因を示すことはできなかった。その上、この公理の真理性に関して言えば、その真理性は先行諸公理に依存している。即ち、観念のうちには実在性の、或は実有性の、いろいろ異なった段階があり(公理四により)、従ってこれらの観念はその完全性の段階に応じて、一層完全な原因を要求する(公理八により)。しかるに我々が観念のうちに認める実在性の諸段階は、思惟の様態として考察される限りにおいての観念のうちにあるのではなく、むしろそれは一の観念が実体を、他の観念が単に実体の様態のみを表現する限りにおいて、*つまり一言で言えば観念が一事物の映像として考察される限りにおいて、観念のうちにあるのだから、ここからして、我々が今しがた示したような、すべての人が自然的光明によって明瞭判然と理解する原因以外には、即ち観念が想念的に有すると同じ実在性を形相的にか優越的に含む原因以外には、別に観念の第一原因があり得るわけでないということがはっきり帰結されるのである。この結論をもっと明瞭に理解するため、一、二の例を以て説明しよう。(一四) 即ち、或る人がここに同一の手で書き写された二冊の本(一冊は著名な哲学者の作品で、他はつまらぬ人間の作品であると仮定しよう)を見て、その言葉(つまり映像としてある限りにおいての言葉)の意味には注意せずに、単に筆蹟と文字の列だけに注意するなら、彼はその二冊の本の間に違った原因を求めるように彼を強いるいかなる相違をも認めないであろう。むしろこれらの本は、彼には同じ原因によって同じ仕方で出来たものと見なされるであろう。しかし言葉や文章の意味に注意するなら、彼はそれらの間に大きな相違を見出すであろう。そしてこれによって彼は一つの本の第一原因が他の本の第一原因と甚だ異なっていたこと、しかも一の原因は他の原因に比し、実際に、その両方の本の文章の意味が、即ち映像として考察される限りの言葉が、相互に異なっているだけそれだけ一層完全であったことを結論するであろう。私はここで、必然的に存在するはずのこれらの本の第一原因について語っているのである。尤も或る一つの本が他の或る本から模写され得るのは自明のことであって私もそれを容認——否、予想する。しかし今言っているのはそうしたことではない。同じことを我々は例えば或る君主の肖像の例で明瞭に説明し得る。即ち、我々が単に肖像の材料だけに注意するなら、我々はその肖像と他のいくつかの肖像の間に、異なった原因を求めねばならぬようなどんな相違をも見出さないであろう。否、その肖像は他の肖像から模写され、後者はまた他の肖像から模写され、このようにして限りがないと考えることもできるであろう。その描写のためには、何ら他の原因が必要でないことが十分了解されるからである。これに反して、もし映像を映像としてある限りにおいて注意するなら、我々は直ちに、その映像が表現的に含むものを形相的にか、或は優越的に含むところの第一原因を求めねばならぬであろう。この公理の確証と解明のためには、これ以上望むことがあろうとは考えられない。

＊　我々はこのことについても確実である。なぜなら我々は、思惟する者である限り、それを

自らのうちに認めるから。前の備考を見よ。

十、或る事物を維持するには、それを最初創り出すために要したよりも小ならざる原因を要する。我々が現在思惟しているということからして、我々が今後も思惟するであろうということは必ずしも帰結されない。我々が我々の思惟に関して有する概念は、思惟の必然的存在を包含しないからである。なぜなら、たとえ私が思惟を存在しないものと仮定しても、私は思惟を明瞭判然と概念し得るから。*ところで、あらゆる原因の本性は、その結果の完全性を自らのうちに包含していなければならぬから(公理八により)、これからして、我々のうちにか或は我々の外部に、我々のまだ理解していないような或る物が――その物の概念或は本性は存在を含みそしてその物は我々の思惟の存在し始めたこと並びに存在しつづけることの原因であるといったような或る物が――必ず存在するということが明瞭に帰結される。というのは、たとえ我々の思惟が存在し始めたとしても、だからとてその本性や本質が必然的存在を含むわけでないことは、それがまだ存在しなかった時に必然的存在を含まなかったのと同様であり、従って、それが存在を維持するためには、それが存在し始めるに要したと同じ力を要するからである。そして我々がここで思惟についていっていることは、その本質が必然的存在を含まないすべての事物についても言われる。

＊ このことは思惟する者である限り誰でも自らのうちに経験する。

十一、それがなぜ存在するかという原因(或は理由)を求め得ないような事物は一つとして存在しない。デカルトの公理一を見よ。

存在するということは積極的な或るものであるから、我々は、それが無を原因とするとはいい得ない(公理七により)。故に我々は、なぜ或る物が存在するかについて、何らかの積極的原因、或は理由を挙げなければならぬ。そしてこの原因乃至理由は、外面的なもの、換言すれば事物そのものの外部にあるものであるか、或は内面的なもの、換言すれば存在する事物そのものの本性や定義のうちに含まれているものであるかである。

次の四つの定理はデカルトから取り出したものである。

定理五(二五)

神の存在は単に神の本性を考察するだけで認識される。

証明

或る事柄が或る事物の本性または概念のうちに含まれていると言うのは、その事柄がその事物について真であるというのと同じことである(定義九により)。しかるに必然的存在が神の概念のうちに含まれている(公理六により)。故に神について、神のうちには必然的存在がある、或は神は存在する、と言うのは真である。

備　考

この定理から多くの重要な結論がでてくる。実にこのこと、――神の本性に存在が属するということ、或は神の概念は三角形の概念がその三角の和の二直角に等しいということを含んでいるように必然的存在を含んでいるということ、或は神の存在は神の本質と同様に永遠の真理であるということ、――実にこのことにのみ神の諸属性に関するほとんどすべての認識は依存する。そしてこの認識を通して我々は神への愛即ち最高の福祉へ導かれるのである。だから人類が、我々と共に、いつかついにこれらのことを把握するようになることは極めて望ましい。なるほどこの命題が容易に理解されるのを妨げる若干の先入見が存在すること*を私は認める。しかしもし誰でも善意を以て、しかもただ真理並びにその真の効用に対する愛に促されて事態を検討し、そして「省察録」その五及び「第一駁論に対する答弁」の終りに述べられてあること、また同時に本書の附録第二部一章で永遠性について論じていることがらをよく熟慮するならば、彼は疑いもなく事態を最も明瞭に理解するであろう。そして何びとも自らが神についての或る観念を有していることを疑い得ないであろう(これこそ実に人間の福祉の第一の基礎である)。同時に彼は、神の観念が他のものの観念と甚だ異なることを明瞭に知るであろう。そしてこの場合彼は、神が本性に関しても存在に関しても他のものと全然異なることを理解するであろう。だからこのことについて読者をこれ以上引き留めておく必要はない。

＊「哲学原理」第一部十六節参照。

神の存在は単に神の観念が我々のうちにあるということだけからア・ポステリオリに証明される。

定理六

証明

我々の各〻の観念の想念的実在性は、この同じ実在性を単に想念的にでなく、形相的にか或は優越的に含んでいるような原因を要求する(公理九により)。しかるに我々は神の観念を有している(定義二及び八により)。そしてこの観念の想念的実在性は、形相的にも優越的にも我々のうちに含まれていない(公理四により)、またそれは神そのもののうち以外には他のどんなもののうちにも含まれていることができない(定義八により)。故に我々のうちにある神のこの観念は、神を原因として要求する、従って神は存在する(公理七により)。

備考

神を敬い神を愛すると称しながら、しかも自ら神の観念を有することを否定する人々がある。こうした人々には、たとえ神の定義や神の諸属性をまのあたり示してやっても、それは生れつきの盲目者に対して、我々が見ているままの色彩の相違を説こうとするのと同じであって、何の役にも立たぬであろう。しかし我々は、彼らを特に人間と野獣の中間にある新種の動物として取り扱う気でもない限りは、彼らの言葉をあまり意に介すべきではない。敢えて問うが、或る物の観念を示すのに、その物の定義を伝え、その物の諸属性を説明する以外の他の方法があり得るであろうか。今我々はこうしたことを神の観念についてやっているのだから、ただ神の像を頭脳の中に形成することができないというだけの理由で神の観念を否定するような人々の言葉などは問題とする必要がないのである。

次に注意すべきは、デカルトが公理四を引用して神の観念の想念的実在性は形相的にも優越的にも我々の中に含まれていないことを示している場合(二六)、彼は、何びとも自分が無限の実体でないこと、換言すれば全智でも全能でもないことを知っているものと前提していることである。彼はこれを前提することができる。なぜなら、自分が思惟することを知る者は、また自分が多くのことを疑うこと、そしてすべてを明瞭判然と理解しているわけでないことをも知っているからである。

最後に注意すべきは、神が多数存在し得ずただ一つのみ存在するということはこの部の定理十一及び本書の附録第二部第二章で明瞭に証明されているが、このことはまた定義八からも明瞭に帰結されるということである。

定理七

神の存在はまた神の観念を有するところの我々自身が存在するということからも証明される。

備　考(二七)

この定理を証明するために、デカルトは次の二つの公理を利用している。即ち一、「一層大きなこと或は一層困難なことをなし得るものは、また一層小さなことをもなし得る」二、「実体を創造し、或は(公理十により)維持することは、実体の属性乃至特質を創造し、或は維持することよりも一層大きなことである」。

しかし彼がこれらによって何を示そうとしているのか私にはわからない。一体、彼は何を容易と呼び、何を困難と呼ぶのであろうか。何ものも絶対的には容易とか困難とか言われるものでなく、ただその原因に関してのみそう言われるに過ぎないからである。* 従って、同一の事物が同じ時に、異なった原因に関して、容易とも困難とも言われ得る。

* 他の例を求めるまでもなく、クモの例を採るがいい。クモは人間が非常な困難を以てしか成し得ないような網を容易に張る。一方人間は恐らく天使にさえ不可能なような実に多くのことを極めて容易になしとげる。

だがもしデカルトが、同じ原因から大なる労力を以てなされ得ることを困難と呼び、小なる労力を以てなされ得ることを容易と呼ぶなら――例えば五十ポンドを揚げ得る力は二十五ポンドを二倍の容易さを以て揚げ得るであろうと言うのなら――確かにこの公理は絶対的に真だとはいえぬであろうし、またそれでは彼が意図していることを証明することもできないであろう。というのは「もし私が私自身を維持する力を持っているとしたら私はまた私に欠けているすべての完全性を私に与える力をも持っているであろう、(一八)(なぜなら完全性の獲得には自己維持に要するほどの大きな力を必要としないから)、」と彼が言う場合、なるほど自己維持のために使用される力が自己維持のために必要でないのだとしたら、その力は、彼の言う通り、他の多くのことを遙かに容易になし得るであろう。しかしこの力を自己維持のために使用する限りはそれを他のこと——たとえそれが一層容易なものであっても——に使用し得るということは容認できない。これは我々が今挙げた例で明瞭にわかる。また、私が思惟するものである以上私は私の全力を自己維持のために用いるかどうか、またそれがその他の完全性を私に与えない原因になっているかどうかを必ず知っていなければならぬと言ったところで、難点が除去されるわけのものでもない。なぜなら(今はこの点について論じているのでなくただいかにしてこの公理から問題の定理が必然的に出てくるかということを論じているのであることは別として)、もし私がそれを知っているとしたなら、私は一層大なるものであることになり、そしてその一層大なる完全性において私を維持するには、恐らく、現に私の有しているよりも一層大なる力を要するであろうからである。

次に、実体を創造し或は維持することの方が、属性を創造し或は維持することよりも一層大なる労力を要するかどうかを私は知らない。即ち、もっと明瞭にもっと哲学的に言えば、実体は自らを維持するに要するその力と本質の全部を、自らの属性を維持するにも必要としないかどうかを私は知らないのである。しかしこのことはしばらくあとまわしにしよう。そしてこの有名な著者がここで言おうとしていること、即ち、彼は容易とか困難とかいうことをどう解しているかについてもっと立入って検討して見よう。

彼が「困難」ということを、不可能なもの(従って、それがいかにして起るかがどうしても考えられないようなもの)と解し、「容易」ということを、どんな矛盾をも含まないもの(従って、それがいかにして起るかが容易に考えられるようなもの)と解しているとは私は思わないし、また決してそうは信じられない。尤も彼が「省察録」その三で、「なおまた私に欠けているものを獲得することの方が、現に私のうちに存するものを獲得するより恐らく一層困難であろうなどと考えてはならない。なぜなら、反対に私を、換言すれば思惟するものを、即ち思惟する実体を、無から生み出すことの方が遙かに一層困難であったことは明白であるから」と語る時、一見そういうつもりであるかのようにも見えるが、実はやはりそうであるまい。なぜならそういう解釈はこの著者のその他の言葉と一致しないし、また聡明なこの著者にふさわしからぬことだからである。というのは、(初めの点には触れないとして)可能なものと不可能なものとの間には、即ち考え得られるものと考え得られぬものとの間には、或る物と無との間に何ら関係がないのと同じく何らの関係がないのである。そして力というものが不可能なものに適用されないことは、創造とか産出とかいうことが存在しないものに適用されないと同様である。従って可能なものと不可能なものとは、どうしても比較され得ないのである。そればかりでなく、我々は、物を相互に比較してその関係を認識するためにはまずそれらすべての物について明瞭判然たる概念を持たねばならぬ。こんな次第だから、不可能なことをなし得る者は可能なことをもなし得るという推論は私の承服しかねるところである。実際私は問いたい、四角の円を作ることができる人ならすべての半径が相等しいような普通の円をも作ることができるであろうとか、無に何らかの操作を施してこれを材料に何かを作れる人なら或る物から或る物を作る力をも持つであろうとかいうような推論は一体どんなものであろうか、と。すでにいったように、こうした事柄にあっては前項と後項の間に何らの一致も何らの類似も何らの比較も、否凡そ何らの関係もないからである。これは事態に少々注意しさえすれば何人にも容易にわかる。だからこれはデカルトの精神と全然反するものと私は思うのである。

しかしさっき挙げた二つの公理のうちの第二の公理に注意するなら、デカルトは一層大きいとか一層困難だとかいうことを一層完全なものと解し、これに反して一層小さいとか一層容易だとかいうことを一層不完全なものと解そうとしているように見える。だがそうやってもやはり事は極めて曖昧なように思われる。ここにも上と同様の難点が存するからである。即ち一層大きなことをなし得る者は、同時にそして同じ活動を以て一層小さなことをもなし得る(問題の定理を確立するにはこのことが仮定されていなければならぬ)ということを、私はここでも上の場合と同様承服しかねるのである。

次に彼が「実体を創造し或は維持することは、属性を創造し或は維持することよりも一層大きなことである」と言っている場合、彼は確かに属性を実体のうちに形相的に含まれているもの、そして実体そのものと理性によってしか区別されないものと解することができないのである。なぜなら、そう解すれば実体を創造することと属性を創造することは同じになるからである。なおまた同じ理由により、彼は〔属性を〕実体の本質及び定義から必然的に帰結される実体の特質と解することもできない。ましてや彼は〔属性を〕或る他の実体の特質及び属性と解することはなおさらできない(彼はそう解そうとしているかに見えるけれども)。例えば私は私を即ち思惟する有限な実体を維持する力を持っていると言っても、それだからとて私はその全本質において私と異なる無限な実体の完全性を私に与える力をも持つと言うことはできない。私が私の存在を維持する力乃至本質は、絶対に無限な実体がそれ自身を維持する力乃至本質とは全然異なっており、*この無限な実体の力及び特質は、無限な実体そのものとはただ理性によってのみ区別されるにすぎないからである。だから(たとえ私が私自身を維持するものと仮定しても)もし私が絶対に無限な実体の完全性を私に与え得ると考えようとすれば、それはあたかも、私が私の全本質を無に還元して新たに無限な実体を創造し得ると仮定するに異ならない。これはもちろん単に私が私を有限な実体として維持し得ると仮定するよりも遥かに一層大きなことであろう。このようなわけで属性乃至特質を以上のいずれにも解することができないとすれば、残るのはただこの実体自身が優越的に含むところの性質だけであり(例えば私に欠けていることを私の明瞭に知覚するところの、精神におけるこの或はかの思惟)、反対に他の実体が優越的に含む性質ではない(例えば延長におけるこの或はかの運動のような。なぜなら、こうした完全性は私即ち思惟するものにとっては何ら完全性でなく、従ってそれが私に欠けているからとて私の欠陥にはならないからである)。しかしそうだとすればデカルトが証明しようとしていること――もし私が私を維持するならば、私は最高完全な実有に属すると私の明瞭に認識するところのあらゆる完全性を私に与える力をも持つ――ということは決してこの公理から帰結され得ない。これはすでに述べたことから十分明らかである。

＊ 実体が自己を維持する力は実体の本質以外の何ものでもないことに注意されたい。この力は名前の上でだけ実体と異なるにすぎないのである。このことは我々が附録で神の能力について論ずる時特に問題とするであろう。

しかし事態を不証明のままで放置したくないし、またいっさいの混乱を避けたいから、私はまず次の二つの補助定理を証明し、しかる後その上にこの定理七の証明をうち立てようと考えた。

補助定理一

物はその本性上完全であればあるだけ、それだけ大なるまたそれだけ必然的な存在を含む。逆に、物はその本性上必然的な存在を含めば含むだけ、それだけ完全である。

証　明

すべての物の観念或は概念のうちには存在が含まれている(公理六により)。そこでAを十度の完全性を持つものと仮定しよう。私はいう、そうしたAの概念はAがただ五度の完全性しか含まないと仮定される場合より一層多くの存在を含む、と。なぜなら、我々は無については何らの存在を肯定することができぬので(定理四の備考を見よ)、我々がAの完全性を思惟によって減少させ、このようにして次第にそれに無の性質を帯びさせてゆくにつれて、我々はAについてそれだけ多くの存在の可能性を否定することになる。そこでもしAの完全性の度合が無限に減少して0に至ると考えるなら、Aは何らの存在をも含まないであろう、或は存在を含むことが絶対に不可能であろう。これに反してもし我々がAの完全性の度合を無限に増加させるなら、Aは最高の存在を、従って最も必然的な存在を含むと考えられるであろう。これが第一の点であった。次にこの二つのもの〔必然性と完全性〕は決して分離され得ないから(それは公理六及びこの証明の初めの部分全体から十分明らかである)、第二に証明すべく予定された事柄がその明瞭な帰結として出てくる。

注意一　多くのものはそれを生ずる一定の原因が与えられているということだけから必然的に存在すると言われるけれども、ここで我々が語っているのはそうしたものについてではない。むしろ原因を顧慮することなしに、ただ物の本性乃至本質を考察することだけによって出てくる必然性や可能性についてのみ語っているのである。

注意二　我々はここで美とかその他の完全性——人間が迷信や無智のために完全性と呼びたがっているところの——について語っているのではない。そうではなくて私は、完全性ということを単に実在性(realitas)即ち有(esse)のことと解するのである。それで私は、例えば実体のうちには様態即ち偶有性のうちによりも一層多くの実在性が含まれているのを知り、従って実体は偶有性よりも一層必然的な、また一層完全な存在を含んでいることを明瞭に理解する。これは公理四及び六から十分明らかなことである。

系

これからして、すべて必然的な存在を含むものは最も完全な実有即ち神であるということが帰結される。

補助定理二

自己を維持する能力を持つ者の本性は、必然的な存在を含んでいる。

証　明

自己を維持する力を持つ者はまた自己を創造する力をも有する(公理十により)。換言すれば彼は(誰でも容易に認めるだろうように)存在するのに何ら外的原因を要しない。むしろ彼の本性そのものこそは、彼が可能的にか(公理十を見よ)、それとも必然的に存在するための十分の原因であろう。しかし「可能的に」ではない。なぜなら(私が公理十に関して証明したことにより)そうした場合は、彼がすでに存在しているということから彼が将来も存在するということは出て来ないであろう。これは仮定に反する。故に「必然的に」である。換言すれば彼の本性は必然的な存在を含んでいる。Q・E・D・

定理七の証明

もし私が私自身を維持する力を有するとすれば、私は必然的存在を含むような本性のものであろう（補助定理二により）。従って私の本性は（補助定理一の系により）、すべての完全性を含んでいるであろう。しかるに私は、思惟するものとして、私のうちに多くの不完全性を発見する。例えば私は疑うとか、私は欲求するとかいった如きである。そして私はこのことを（定理四の備考により）確実に知覚する。故に私は、私を維持する力を有しないのである。なおまた私は、このような完全性を自分に拒否することを欲するが故にこれを欠くのだと言うこともできない。なぜなら、それは明らかに補助定理一及び私が自分のうちに明瞭に見出している（公理五により）ところのものと矛盾するからである。

次に、私が存在している限り、私は維持されるのでなくては現に存在していることができぬ、そしてこの維持は私がその力を持っているなら私自身によって、そうでなければその力を持つ他のものによってなされるのである（公理十及び十一により）。ところが私は存在しており（定理四の備考により）、しかも私は、今証明したように、私自身を維持する力を有しない。従って私は他のものによって維持されるわけである。しかしそれは自らを維持する力を持たない他のものによってではない(すでに私が私自身を維持し得ないことを証明したと同じ理由により)。従って、自らを維持する力を有する他のものによってである。換言すれば(補助定理二により)その本性が必然的な存在を含んでいるようなもの、つまり(補助定理一の系により)最も完全な実有に属する——と私が明瞭に理解する——すべての完全性を含んでいるようなもの、によってである。従って、最も完全な実有即ち(定義八により)神は存在する。Q・E・D・

系

神は、我々が明瞭に知覚するすべてのものを、我々がそれを知覚する通りに作り出すことができる。

証　明

これらすべては前の定理から明瞭に帰結される。なぜなら前の定理において、神の存在することが、我々のうちにその或る観念が存するところのすべての完全性を含んでいる或る者が存在せねばならぬということから証明された。しかるに、我々のうちには、或る極めて大なる能力の、——ただその能力を有する者によってのみ天や地やその他我々が可能なものとして理解するいっさい物が作られ得るというほど大なる能力の、観念が存する。故に、神の存在の証明と同時にこれらすべてのこともまた神について証明されているのである。

定理八

精神と身体とは実在的に区別される。

証明

我々が明瞭に知覚するすべてのものは、神によって、我々がそれを知覚する通りに作られ得る（前の系により）。しかるに我々は精神をば、換言すれば（定義六により）思惟する実体をば、物体を離れて、換言すれば（定義七により）或る延長せる実体を離れて明瞭に知覚するし（定理三及び四により）、また逆に、物体をば、精神を離れて明瞭に知覚する（誰でも容易に容認するように）。故に少くとも神の能力によって、精神は身体なしに存在し得るし、また身体は精神なしに存在し得る。

ところでその一が他なしに存在し得るところの実体は実在的に区別される（定義十により）。しかるに精神と身体とは、その一が他なしに存在し得る（今しがた証明されたように）ところの実体（定義五、六、七により）である。故に精神と身体とは実在的に区別される。

なお「第二駁論に対する答弁」の終りにあるデカルトの定理四参照。また「哲学原理」第一部二十二節から二十九節までに述べられてあることを見よ。こちらの方は今ここにわざわざ再録するまでのことはないと思う。

定理九（二九）

神は全知である。

証明

もしこれを否定するなら、神は何ものをも知らないか、それともすべてのことをでなくただ若干のことを知るのみかそのどちらかである。しかしただ若干のことのみを知ってその他のことを知らないということは、限定された不完全な知性を想定することになるが、そうした知性を神に帰するのは不条理である（定義八により）。一方、神が何ものをも知らないということは、人間が何ものをも知らない場合と同じく、神のうちに知力が欠如していることを示すものであり、従ってそれは不完全性を含むことを意味し、神には起り得ない（同じ定義により）。或はこのこと（神が何ものをも知らないということ）は、神が何かを知るのは神の完全性に矛盾するためとも考えられる。しかし神についてこのように知力を全然否定するなら、神は何らの知性をも創造することができないであろう（公理八により）。ところが知性は我々によって明瞭判然と知覚されるから、神は知性の原因であり得る（定理七の系により）。だから、神が何かを知るということが神の完全性に矛盾するなどいうことは全然あり得ないわけである。以上から見て、神は全知であることに

なる。Q・E・D・

備　考

定理十六で証明されているように、神が非物体的であることは容認されねばならぬけれども、しかしこのことは決して延長の持つすべての完全性を神から除外せねばならぬという風に解すべきではない[二〇]。むしろそれはただ延長の本性と諸特質が一種の不完全性を含む限りにおいてのことだけである。同じことが神の知力についても言われねばならぬ。これは通俗的哲学者たち以上に賢明たらんと欲するすべての人々の認めるところである。この点については、我々の附録二部七章で詳細に説明するであろう。

定理十

神のうちに見出されるすべての完全性は神に由来している。

証　明

もしこれを否定するなら、神に由来しない何らかの完全性が神のうちに存在すると仮定せよ。するとこの完全性は、それ自らによってか、それとも神と異なる或る物[二一]によって神のうちにあるであろう。もしそれ自らによってあるなら、それは必然的な存在を持つことになり(定理七の補助定理二により)、かくてそれは(定理七の補助定理一の系により)最も完全なものであり、従って(定義八により)神自身であるであろう。このようにして、それ自らによって存する或る物が神のうちにあるというのは、それが神自身によってあるというのと同じことである。Q・E・D・しかしもしその完全性が神と異なる或るものによってあるなら、神はそれ自体では最高完全なものと考えられることができなくなり、それでは定義八に反する。故に神のうちに見出されるすべての完全性は、神に由来する。Q・E・D・

定理十一

多数の神は存在しない。

証　明

もしこれを否定するなら、できれば多数の神が存在すると考えて見よ。例えばA及びBという神を。そうすれば必然的にAもBも全知であるであろう(定理九により)。換言すれば、Aはすべてを、即ちA自身とBとを知り、逆にBはB自身とAとを知るであろう。しかるにAとBは必然的に存在するのであるから(定理五により)、従ってAのうちにあるBの観念の真理性と必然性の原因はB自身であり、また反対にBのうちにあるAの観念の真理性と必然性の原因はA自身である。この故にAのうちにはAに由来しない或る完全性が存することになり、またBのうちにはB

に由来しない或る完全性が存することになる。従って(前定理により)AもBも神でないであろう。故に多数の神は存在しない。(二二) Q・E・D・

ここに注意したいのは、或る事物が自分自身によって必然的な存在を含む――神はそうしたものである——ということだけからその事物の唯一であることが必然的に出てくるということである。これは誰でも注意深く考察すればひとりでに了解し得るであろう。また私もこれをここに証明しようと思えば証明できたであろう。尤もこの定理でなされているほど万人に理解のゆくようにはできないかもしれないけれども。

定理十二

存在するすべてのものは、神の力のみによって維持される。(二三)

証　明

もしこれを否定するなら、或るものが自分自身を維持すると仮定せよ。そうすれば(定理七の補助定理二により)そのものの本性は必然的な存在を含むことになる。従ってそれは(定理七の補助定理一の系により)神であろう。このようにして多数の神が存することになる。しかしこれは不条理である(前定理により)。故にすべてのものは神の力のみによって維持される。Q・E・D・

系　一

神はあらゆるものの創造者である。

証　明

神は(前定理により)すべてのものを維持する。換言すれば神は(公理十により)存在するすべてのものを創造したし、またひきつづき創造する。

系　二

いかなる事物も神の認識の原因になるような本質を自ら有していない。反対に、神は事物の本質に関しても事物の原因である。

証　明

神のうちには神に由来しないどんな完全性も見出されないのであるから(定理十により)、いかなる事物も神の認識の原因たり得るような本質を自ら持つはずがない。反対に、神はいっさいを他のものから生産せずむしろ全然新しく創造したのであり(定理十二並びにその系一により)、そして創造の活動は起成原因(動力因)——即ち神——以外のどんな原因をも認めないのであるから

(私は創造をそのように定義する)、この帰結として、事物は創造以前には全然無であったこと、従ってまた神はそれらの事物の本質の原因でもあったことになる。Q・E・D・

この系は、神が万物の原因即ち創造者であること(系一により)及び原因は結果の持つすべての完全性を自らのうちに含んでいなければならぬこと(公理八により)からも判明することに注意されたい。これは誰でも容易に認め得るところである。

系三

この明瞭な帰結として、神は感覚もしないしまた本来的意味での知覚もしないということになる。なぜなら神の知性は何ら外的対象によって決定されず、かえっていっさいが神から生ずるからである。

系四

神は因果性において事物の本質及び存在に先行する。これはこの定理の系一及び二から明瞭に帰結される。

定理十三

神は最も誠実であって、決して欺瞞者であり得ない。(二四)

証明

我々は何らかの不完全性を含むものを神に認めることができない(定義八により)。ところですべての欺瞞或は偽わる意志は悪意または恐怖からのみ起こり(それ自体で明らかなように)*、そして恐怖は能力の減少を予想し悪意は善意の欠如を予想するから、どんな欺瞞或は偽る意志も神即ち最も力あり最も善意に富む実有には帰することができず、反対に神は最も誠実であって決して欺瞞者でないと言わるべきである。Q・E・D・「第二駁論への答弁」第四参照。

＊私は先にこの公理を公理のうちに入れなかった。それは別にその必要がなかったからである。というのは、私はこれをただこの定理の証明のためにのみ必要としたのだし、また私は、神の存在をまだ知らない間は、「私は存在する」という第一の認識から導き出し得ることがら以外の何事をも真として受け入れることを欲しなかったからである(私がすでに定理四の備考で注意したように)。なおまた私は恐怖や悪意の定義をも同様に定義の中に入れなかった。これは何人もその定義を知っているし、それに私は、この定義をやはりこの定理だけのためにしか必要としなかったからである。

定理十四

我々が明瞭判然と知覚するものはすべて真である。[(二五)]

証　明

我々のうちにある真と偽を区別する能力（こうした能力が我々のうちにあることは誰でも自らのうちに経験するし、またすでに証明したすべてのことから明らかである）は、神によって創造されまた神によってたえず維持される（定理十二並びにその系により）。換言すれば、この能力は（前定理により）最も誠実で決して欺瞞者でないところの実有によって維持される。そして我々は、明瞭判然と知覚する事柄に対して信を置かなかったり同意しなかったりする何らの能力をも神から与えられていない（誰でも自らのうちに経験するように）。それでもしこうしたことに関して我々が欺かれるとすれば、我々は全く神から欺かれているのであり、神は欺瞞者であることになる。これは（前定理により）不条理である。故に我々が明瞭判然と知覚することはすべて真である。

Q・E・D・

備　考

我々に明瞭判然と知覚されて我々が必ずそれに同意せねばならぬような事柄は必然的に真なのであるし、また我々は、曖昧で疑わしい事柄や最も確実な諸原理から導き出されていない事柄に対して同意しない能力を持っているのであるから（誰でも自らのうちに経験するように）、これからして、もし我々が明瞭判然と知覚しないような事柄、或はそれ自体で明瞭かつ確実な諸原理から導き出されていないような事柄を決して肯定しまいと固く覚悟しさえすれば、我々は常に誤謬に陥らぬようにまた決して欺かれないように防ぐことができることになる(このことは次に述べることからなお一層明瞭に理解されるであろう)。

定理十五

誤謬は積極的な或るものではない。

証　明

もし誤謬が積極的な或るものであるとすれば、誤謬は神のみを原因に有し、そして神によって引きつづき創造されねばならぬであろう(定理十二により)。しかるにこれは不条理である(定理十三により)。故に誤謬は積極的な或るものでない。Q・E・D・

備　考

誤謬が人間における積極的な或るものでないとすれば、誤謬は自由の正しい使用の欠如(privatio)以外の何ものでもあり得ないであろう(定理十四の備考により)。従って神は誤謬の原因とは言われないのであって、神がそう言われ得るのはただ、我々が太陽の不在を闇の原因であると言ったり、神が或る小児を視覚以外は他の小児と等しく作った場合に神をその盲目の原因だと言ったりする意味においてだけなのである。つまり神は、狭い範囲にしか及ばない知性を我々に与えたという意味でのみ誤謬の原因と言われ得るにすぎない。これを明瞭に理解するために、そして同時にどのようにして誤謬が我々の意志の乱用にのみ依存するか、また最後にどのようにして我々が誤謬を防ぎ得るかを知るために、我々は我々の持つ思惟様式を、即ちすべての知覚様式(感覚、想像及び純粋認識)と意志様式(欲望、嫌悪、肯定、否定及び疑い)とを記憶に思いうかべよう。いっさいの思惟様式はこの二様式に還元され得るからである。

しかしこれに関して第一に注意すべきは、精神は物を明瞭判然と理解してこれに同意する限り誤り得ないし(定理十四により)、また物を単に知覚するのみでこれに同意しない限りにおいてもやはり誤り得ないということである。なぜというに、たとえ今私が翼ある馬を知覚するとしても、私が翼ある馬のいることを真だと同意しない限り、否、翼ある馬がいるかどうかを疑っている限りにおいても、この知覚は何らの誤謬を含んでいないことは確実だからである。ところで同意するとは意志を決定することにほかならないから、これからして、誤謬は専ら意志の使用にのみ依存することになる。

これをなお一層明瞭にするため第二に注意すべきは、我々は明瞭判然と知覚する事柄に同意する力を持つばかりでなく、また我々が他の何らかの仕方で知覚する事柄に対しても同意する力を持つということである。我々の意志はどんな制限によっても限定されないのであるから。このことは次のことに注意しさえすれば誰にもはっきりわかる。即ち、たとえ神は、我々の認識能力を無限大なものにしようと欲したとしても、我々が我々の認識するすべてのことに対して同意し得るのに、現に我々が持っているよりも一層大きな同意能力を我々に与える必要がなく、むしろ、我々が現に持っているこの同意能力は、無限に多くのことに同意を与えるのに十分なのである。そして事実また我々は、確実な原理から導出したのではないところの多くのことに同意するのを経験している。更に以上のことから次のことが明瞭にわかる。即ち、もし知性が意志能力と同じ範囲にまで及ぶなら、或はまた意志能力が知性より広い範囲まで及び得ないのなら、或は最後に、もし我々が意志能力を知性の限界内に保ち得るなら、我々は決して誤謬に陥らないのである(定理十四により)。

しかるに我々は前の二つのことを果たす何らの力を持っていない。これは意志が無限でなく、また創造された知性が有限でないことを必要とするからである。従って第三のこと、即ち我々は我々の意志能力を知性の限界内に保つ力を有するかどうかを考察することが残る。ところで意志は自己を決定することが自由であるから、この帰結として、我々は同意能力を知性の限界内に保ちそれで以て誤謬に陥らないようにする力を有するということになる。これから極めて明瞭にわかるのは、我々が決して誤らないということは意志の自由の正しき使用にのみ係っているということである。なお我々の意志が自由であることは「哲学原理」第一部三十九節や「省察録」第四で証明され、また私自身も本書の附録の最後の章で詳しく示している。一方我々が物を明瞭判然と知覚する場合、我々はこれに同意しないわけにはゆかないけれども、この必然的な同意は我々の意志の弱さから来ているのでなく、むしろ専ら我々の意志の自由と完全性とから来ているのである。というのは、同意作用は実際我々において一の完全性であり(それ自体で十分明らかなように)、そして意志は自己を全く決定する時に最も完全で最も自由である。このようなことは、精神が或る物を明瞭判然と認識する場合に生じ得るのであるから、その場合精神は必ずや直ちにこの完全性を自分に与えるであろう(公理五により)。だから、我々が真実を把握するに際して決して無関心《インディフェレンス》〔無差別〕でいられないという故を以て、我々をそれだけ非自由的であると解するのは全く当らないのである。反対に、我々は無関心であればあるだけそれだけ非自由的であると言った方が本当なのである。

こんな次第で、ここに残るのは、ただどうして誤謬が人間に関しては欠如(privatio)にほかならず、これに反して神に関しては純粋な否定(negatio)であるかを説明することだけである。このことは我々がまず次のことに注意すれば容易にわかるであろう。それは、我々は明瞭に認識する事柄のほかになお多くの事柄を知覚するのであるが、その故に我々はそうした事柄を知覚しない場合よりも一層完全であるということである。そしてこれは次のこと——即ち、もし我々が何物をも明瞭判然と知覚し得ずいっさいをただ混乱して知覚するだけだと仮定するなら、我々は物を混乱して知覚することよりも一層完全な何ものをも持たないことになり、また我々の本性にとってはこれ以上の何物も望まれ得ないことになるということ——からはっきりする。次に、たとえ混乱したものにもせよこれに対して同意することは、それが或る種の活動である限りにおいて、一の完全性である。このことも、今述べたように、物を明瞭判然と知覚することが人間の本性に矛盾すると仮定してみたら、誰にも明白であろう。即ちそう仮定してみた場合、たとえ混乱したものに対してでもこれに同意して自由を行使することは、常に無関心でいるより、換言すれば(今しがた示したように)自由の最低段階に止るより、人間にとって遙かによいことが極めて明らかになるからである。そして更に、人間生活における実用とか利益とかを念頭に置こうとするなら、我々はそれが絶対に必要でもあることを見出すであろう。このことは日常の経験から誰でも十分知っているところである。

このようにして、我々の有するすべての思惟様式はそれ自体だけで見れば完全なのであるから、その限りにおいてそれは誤謬の形相を構成するものを含むことができない。しかし意志の諸様式をその相互に異なるままに見れば、その或るものが他のものよりも意志を一層無関心でないように、即ち一層自由であるようにするに応じて、我々はその或るものが他のものよりそれだけ完全であることを知るであろう。次にまた我々は、混乱した事柄に同意する限り、精神をして真と偽を区別するのに不適当ならしめ、従って我々をして最善の自由を欠くようにするものであることをも知るであろう。だから混乱した事柄に同意することは、それが積極的な或る物である限りは何らの不完全性や誤謬の形相を含まないのであるが、ただ我々がそれによって、我々の本性に属し我々の力のうちにあるところの最善の自由を我々自身から奪う限りにおいてのみそうしたものを含むのである。従って誤謬の持つ不完全性の全体は、単に最善の自由の欠如にのみ存し、この欠如が誤謬といわれるのである。そして欠如(privatio)といわれるのは、我々が我々の本性に帰属する或る完全性を奪われている(privamur)からであり、これに対し誤謬(error)といわれるのは、我々が意志を知性の限界内に保ち(continemus)得るのにそれをしないで我と我が過失によりこの完全性から遠ざかっているからである。このように、誤謬は人間に関しては自由の完全なる――或は正当なる――使用の欠如にほかならないから、これからして、それは、人間が神から得るどんな能力の中にも、また神に依存する限りのどんな能力行使の中にも含まれていないことになる。また我々は神が我々に与えることのできたであろう一層大なる知性を我々から奪い、このようにして我々を誤謬に陥り得るようにしたのだということもできない。なぜというに、どんな事物の本性も神から何事かを強要することができないし、また各〻の事物には神の意志がこれに与えようと欲した以外の何ものも属しないのである。神の意志以前には何物も存在せず、また考えられることもできないのであるから(これは本書の附録第二部七章及び八章で詳しく説明される)。この故に、神が我々から一層大なる知性や一層完全な認識能力を奪ったのでないことは、あたかも神が円から球の特質を奪い、また円周から球面の特質を奪ったのでないと同様なのである。

このようにして、我々のすべての能力はどのように考察して見ても、神における不完全性を示すことができないから、この明瞭な帰結として、誤謬の形相を構成する不完全性はただ人間に関してのみ欠如であって、その原因としての神に関しては欠如でなく単に否定といい得るのみであ

ることになる。(二六)

定理十六

神は非物体的である。

証　明

物体は場所的運動の直接的主体である(定義七により)。故にもし神が物体的だとすれば、神は部分に分割されるであろう。これは明らかに不完全性を含むから、神についてこのようなことを主張するのは不条理である(定義八により)。

別な証明

もし神が物体的であるとすれば、神は部分に分割され得るであろう(定義七により)。そしてこの各部分はそれ自体で存立し得るか、それとも存立し得ないか、そのどちらかであろう。もしそれ自体で存立し得ないなら、それは神から創造されたその他のものと等しくなるであろう。従ってそれはすべての被造物と同様に、神から同じ力でひきつづき創造されるであろう(定理十及び公理十一により)。そこでそれは他の被造物と同様に神の本性には属しないであろう。これは不条理である(定理五により)。これと反対にもし各部分がそれ自体で存在するなら、各部分はまた必然的存在を含まねばならぬ(定理七の補助定理二により)。従って各部分は最高完全な実有であるであろう(定理七の補助定理二の系により)。しかるにこれもまた不条理である(定理十一により)。故に神は非物体的である。Q・E・D・

定理十七

神は最も単純な実有である。

証　明

もし神が部分から構成されるとすれば、それらの部分は(誰でも容易に容認するだろうように)少くともその本性上神に先行せねばならぬ。こうしたことは不条理である(定理十二の系四により)。故に神は最も単純な実有である。Q・E・D・

系

この帰結として、神の知能、神の意志乃至決裁及び神の能力は、理性的見地においてしか神の本質と区別されないことになる。

定理十八

神は不変である。

証　明

もし神が変化するものなら、神は部分的に変化し得るだけでなく、全本質においても変化せねばならぬであろう（定理十七により）。ところが神の本質は必然的に存在する（定理五、六及び七により）。故に神は不変である。Q・E・D・

定理十九

神は永遠である。

証　明

神は最高完全な実有である（定義八により）。これからして（定理五により）、神は必然的に存在することになる。今もし我々が神を限定された存在とするなら、神の存在の限界は、我々によっては認識されないにしても少くとも神自身によっては必ず認識されねばならぬ。神は全知だからである（定理九により）。従って神はその限界の外では、自己を、換言すれば（定義八により）最高完全の実有を、存在しないものとして認識するであろう。これは不条理である（定理五により）。故に神は限定された存在を持つものでなく、無限な存在を持つものである。この無限な存在を我

々は永遠と呼ぶのである(本書附録第二部一章参照)。このようにして神は永遠である。Q・E・D・

定理二十

神は永遠この方いっさいのものを予定した。(二七)

証　明

神は永遠であるから(前定理により)、神の知能もまた永遠であるであろう、神の知能は神の永遠なる本質に属するからである(定理十七の系により)。ところが神の知能は神の意志乃至決裁と実質上異ならない(定理十七の系により)。故に、神は永遠この方事物を認識していたと我々がいう時、それと同時に我々は、神は永遠この方事物をそのように意欲し乃至決裁していたと言っているのである。Q・E・D・

系

この定理からして、神はその活動において最も恒常的であるということになる。

定理二十一

長さ、広さ、深さを持つ延長的な実体が実際に存在する。そして我々はその一部分と結合している(二八)。

証　明

延長的事物は、我々の明瞭判然と知覚するところによれば神の本性に属しない(定理十六により)。むしろそれは神によって創造され得るものである(定理七の系によりまた定理八による)。次に、延長せる実体が我々のうちに擽感、痛感及びこれと類似の観念または感覚——それは我々がそうしようと思わなくても絶えず我々のうちに生み出される——を生ずるに十分な原因であることを我々は明瞭判然と知覚する(誰でも、思惟する限り、自らのうちにこれを認める)。これに反してもし我々がこの延長せる実体のほかに、我々の感覚の他の原因を、例えば神とか天使とかを想定しようとすれば、我々は我々の有するその明瞭判然たる概念を直ちに破壊することになる。それ故に*我々が我々の知覚に正しく注意し、明瞭判然と知覚することだけしか認めない限り、我々は、延長せる実体が我々の感覚の唯一の原因であることに同意するように、従ってまた神から創造された延長的な事物が存在することを主張するように、全く傾くか或はそれに決して無関心でいられないであろう。そして我々は確かにこの点において誤り得ない(定理十四及びその備考により)。だから長さ、広さ、深さを有する延長的実体は存在するということが真実に肯定される。これが第一の点であった。

＊ 定理十四の証明及び定理十五の備考を参照せよ。

更に延長的実体によって我々のうちに生ぜられねばならぬ(このことは今しがた証明した)ところの我々の諸感覚の間に、我々は大きな相違を認める。例えば私が樹を見、或は感ずるという場合と、私が渇を感ずる、苦痛を感ずるなどいう場合の相違のごときである。けれどもこの相違の原因は、私が物質の一部分と密接に結合し他の諸部分とはそういうふうに結合していないということをあらかじめ理解するのでなくては知覚し得ないことを私は明瞭に知る。このことを私は明瞭判然と理解し、そして他のどんな仕方でもそれは私に知覚され得ないのだから、私が物質の一部分と結合しているということは真である(定理十四及びその備考により)。これが第二の点であった。このようにして私は証明せねばならなかったことを証明し終ったわけである。

注意。読者はここで自らをば単に身体を離れた思惟者として考察するのでなければ、また身体が存在することを信じた既往の諸理由をすべて先入見として退けるのでなければ、この証明を理解しようとしてもうまくゆかないであろう。

第一部終り

幾何学的方法で証明された 哲学原理

第二部

要請(一)

ここで要求されるのは、ただ各人が自己の諸知覚にできるだけ正確に注意して明瞭なものと不明瞭なものを区別することだけである。

定義(二)

一、延長(extensio)は三次元から成立するものである。しかし私は延長を延長作用とも、また量と異なる或るものとも解しない。

二、実体(substantia)とは、その存在のために神の協力だけを必要とするものであると解する。

三、アトム(atomus)とはその本性上不可分的な物質部分である。

四、無限定(indefinitum)とはその限界(もしそうしたものがあれば)が人間の知性によって探究され得ないところのものである。

五、真空(vacuum)とは物体的実体のない延長のことである。

六、空間(spatium)は理性的見地からのみ延長と区別される。即ち空間は事実上延長と異ならない。「哲学原理」第二部十節参照。

七、思惟によって分割されると考えられるものは、少くもその可能性からいって可分的(divisibilis)である。

八、場所的運動(motus localis)とは、物質の一部分即ち一つの物体が、それと直接接触しており、かつ静止せりと考えられている物体の傍から他の物体の傍へ移動することである。[三]

デカルトはこの定義を用いて場所的運動を説明している。これを正しく理解するには次のことに注意せねばならぬ。

1、物質の部分ということを、彼は同時に移動するすべてのものと解する。たとえそれ自身がまた多くの部分から成っていてもかまわない。

2、この定義において混乱を避けるために、彼は絶えず運動体のうちにあるところのもの、即ち移動についてのみ語る。これはそれを、しばしば人々のやるように、移動をひき起す力或は作用と混同しないためである。一般にこの力或は作用は、ただ運動のためにのみ必要であって静止のためには必要でないと考えられているが、これは全く間違っている。というのは、静止せる或る物体に一定度の運動を与えるのに必要な同じ力が、この物体から再びその一定度の運動を取り去ってこれを全く静止させるのに必要なことは自明だからである。これは経験の教えるところでもある。なぜなら、静水に止っている舟を推進させるには、この舟が運動しているのを突然停止させるのに要するとほとんど同じ力を要するからである。否、舟の押し除ける水の重さとその慣性とが舟を停止させることに有利に働くのでなかったとしたら、この二つの力は全然同一であるであろう。

3、彼は、移動が接触せる物体の傍から他の物体の傍へ向って行われるといって、一の場所から他の場所へ行われるとはいっていない。これは、場所というものは(彼自身第二部十三節で説明したように)絶対的なものではなく、単に我々の思惟に依存するにすぎず、従って同一物体が同時に場所を変えるとも場所を変えないともいわれ得るからである。[四] これに反して、同一物体が或る接触せる物体の傍から移動すると同時に移動しないということはできない。というのは、一の物体は同一瞬間においては、ただ同じ運動体に接触し得るのみだからである。

4、彼は、移動が接触せる物体の傍から行われるとだけいっているのではなく、ただ静止していると考えられる限りの物体の傍から行われると言っているのである。事実、物体Aが静止している物体Bから移動するためには、同一の力と作用が両方の側から要求されるのである。これは水の底の泥や砂に膠着しているボートの例から明らかである。このボートを推進させるためには、必ず同じ力を水底に対してもボートに対しても加えねばならぬであろう。だから物体を動かす力は、運動する物体に対しても静止している物体に対しても等しく加えられる。しかし移動は相互的なものである。ボートが砂

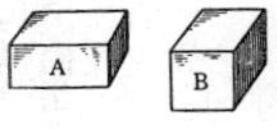

から離れるとすれば、砂もまたボートから離れるからである。そこで一般論としていえば、我々が、相互に離れる二物体の両方に対し、反対の方向に作用する等しい運動を認め、その一が静止していると見なすことを欲しないなら、そしてその理由を、単に同じ作用がその両方に存するという点にのみ置くのなら、我々はまたすべての人が静止していると見なす物体――今の場合はボートが離れてゆく砂――に対しても運動する物体と同量の運動を認めねばならぬであろう。なぜなら、すでに示したように、同じ作用が両方の側から要求され、そして移動は相互的なものだからである。尤もこれは普通の用語例とひどくかけ離れるであろう。しかし、他の物体がそれから離れる当の物体は、静止せりと見なされまたそう呼ばれるとはいえ、それでもやはり運動する物体の中にあるすべてのもの、運動する物体をそうしたものにしている所以のすべてのものが、静止せる物体の中にも等しく存することを我々は想起せねばならぬ。

5、最後に、この定義からして、各物体は自己に固有なただ一つの運動しか持たないということが判明する。各物体は単に同一の静止せる接触物体から遠ざかるものと解されるからである。しかし、もし運動する物体が他の運動を持つ他の物体の部分であるとすれば、我々はその物体がまた他の無数の運動にも参加し得ることを明らかに理解する。しかしそんなに多くの運動を同時に理解することは容易でないし、またすべての運動が認識されるものでもないから、各物体に固有なただ一つの運動をその物体について考察するだけで十分であろう。「哲学原理」第二部三十一節参照。

九、運動する諸物体の環(circulum corporum motorum)とは、ただ単に、他の物体の衝撃を受けて運動する最後の物体が、最初に運動した物体と直接接触する場合のこととのみ我々は解する。但し、この一つ運動の衝撃の下にすべての物体によって描かれる線は甚だ屈曲したものであってもかまわない。(五)

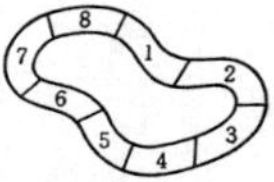

公理(六)

一、無(nihil)にはどんな特質も属しない。

二、或る事物を全然損うことなしにその事物から除去され得るようなものはすべてその事物の本質を構成しない。これに反して、それが取り去られれば、その事物も滅びるようなものは、その事物の本質を構成する。(七)

三、固さ(durities)に関して感覚が我々に示してくれることは、ただ固い物体の部分が我々の手の運動に抵抗するということだけであって、我々は固さについては、それ以外の何ごとをも明瞭判然と理解し得ない。

四、二つの物体が互に近づき或は互に遠ざかる場合、それらの物体はそのために、より大きな或はより小さな空間を占めることがないであろう。

五、物質部分は、それが順応しようと抵抗しようと、そのために物体の本性を失うということはない。

六、運動(motus)、静止(quies)、形状(figura)、その他これと類似のものは延長なしには考えられ得ない[八]。

七、感覚し得る諸性質を越えて物体の中に残るのは、延長及びその諸情態[九](affectiones)――「哲学原理」第一部で挙げられているような――だけである。

八、一つの空間または延長が或る時には他の時より大であるということはあり得ない。

九、すべての延長は分割され得る、少くとも思惟によって。

この公理が真であることは、数学の原理を学んだ人なら誰でも疑い得ない。即ち、接線と円の間に存する空間は、次第に大きさを増す無数の他の円によって常に分割され得る。同じことが双曲線の漸近線からも明らかである。

十、或る延長または空間の限界は、その限界の向うにこれと直接続く他の空間を併せ考えることなしには考えられ得ない[一〇]。

十一、もし物質が多種多様であり、そしてその一部分が他の部分と直接触れていない場合、各部分は必然的に限界のうちに包含され、それを越えてはその物質は存在しない。

十二、最も微小な物体は我々の手の運動にたやすく順応する。

十三、一の空間は他の空間を貫くことがないし、またそれが或る時には他の時より大になるということもない。

十四、導管Ａが導管Ｃと同じ長さでＣがＡの二倍の幅を持つとし、そして或る流動物質が導管Ｃ

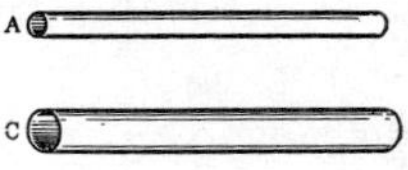

を通過する二倍の速さで導管Aを通過するとすれば、同じ時間内に、導管Cを通過すると等量の物質が導管Aを通過するであろう。またもし導管Cを通過すると等量の物質が導管Aを通過するとすれば、この物質は導管Aにおいては導管Cにおけるよりも二倍の速さで運動するであろう。

十五、或る第三の事物に一致する事物は相互に一致する。また同じ第三の事物の二倍であるような事物は相互に等しい。

十六、種々の仕方で運動する物質は、少くとも、その中に同時に存する種々の速度段階と同数の、事実上区別される部分を持つ。

十七、二点間の最短距離は直線である。

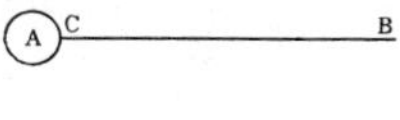

十八、CからBへ向って運動する物体Aが反対の衝撃によって弾《はじ》きかえされるなら、それは同じ線をCへ向って運動するであろう。

十九、反対に運動する物体が互に出合う場合、両方とも或は少くも両方のどちらかが、何らかの変化を受けねばならない。

二十、或る事物における変化は、より強い力によって生ずる。

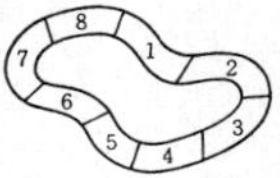

二十一、もし物体1が物体2へ向って運動してこれと衝突し、そして物体8がこの衝突により1へ向って運動するとすれば、物体1、2、3……は直線上にあり得ず、むしろ物体8に至るまでのすべての物体は完全な環を構成する。定義九を

見よ。

補助定理一

延長或は空間のあるところには必ず実体がある。

証　明

延長或は空間は純粋な無ではあり得ない(公理一により)。だからそれは必ず或る事物に帰せられねばならぬところの属性である。しかし神に帰せられることはできない(第一部定理十六により)。従ってそれは、存在するのにただ神の協力だけを要するところの事物(第一部定理十二により)に、換言すれば(この部の定義二により)実体に帰せられるものである。Q・E・D・

補助定理二

稀薄化(rarefactio)や濃縮化(condensatio)の現象は、物体が稀薄化に際しては濃縮化の場合よりも一層大きな空間を占めるという仮定なしにも明瞭判然と理解できる。(一三)

証　明

事実、稀薄化と濃縮化の現象は、或る物体の部分が互に遠ざかり或は互に近づくということだけから明瞭判然と理解され得る。従って物体の部分は、稀薄化や濃縮化のためにより大きな或はより小さな空間を占めることがないであろう(公理四により)。というのは、もし或る物体の部分、例えば海綿の部分が互に近づくことによってその隙間に満ちている物体を追い出すとすれば、そのことだけによってこの物体はより濃縮にされるであろうが、しかしこのためその部分が以前より小さな空間を占めることはないであろう(公理四により)。そしてもし再びこの物体の部分が互に遠ざかって隙間が他の物体で満されると、稀薄化は生ずるであろうが、しかしその部分がより大きな空間を占めることはないであろう。そして我々は今海綿について感覚の助けを借りて明瞭に知覚する事柄を、単に知性だけによってすべての物体——たとえその物体の隙間が人間の感覚に全く上らないとしても——について理解し得る。だから稀薄化や濃縮化の現象は、物体が稀薄化に際しては云々という仮定なしにも明瞭判然と我々に理解される。Q・E・D・

我々がこれらの補助定理を冒頭においたのは、知性が空間や稀薄化等に関する種々の先入見から脱して以下のことどもを理解しやすくなるのに必要だと思ったからである。

定理一

たとえ固さ、重さ、その他の感覚的性質が或る物体から分離されるとしても、その物体の本性は全く損なわれずに残存するであろう(一三)。

証　明

固さ、——例えばこの石の固さ——について感覚が我々に示してくれることは、ただ、その固い物体の部分が我々の手の運動に抵抗するということだけであって、我々は固さについてこれ以外の何ごとをも明瞭判然と理解し得ない(公理三により)。だから(第一部定理十四により)固さもまたそれ以外の何ものでもないであろう。ところでもしこの物体が極めて微小な粉末に砕かれるとすれば、それらの部分はたやすく順応するであろうが(公理十二により)、だからといってそれらの部分は物体の本性を失わないであろう(公理五により)。Q・E・D・

重さ及びその他の感覚的な性質についても同じ仕方で証明がなされる。

定理二

物体或は物質の本性は単に延長にのみ存する。(一四)

証　明

物体の本性はその感覚的性質を取り去っても滅びない(この部の定理一により)。だからそれらの性質は物体の本質を構成しない(一五)(公理二により)。従って残るのは延長と、〈延長なしには考えられない(公理六により)ところの〉その諸情態とだけである(公理七により)。故にもし延長が除去されれば、物体の本性に属するものは何も残らず、むしろ物体は全く滅びるであろう。従って(公理二により)物体の本性は単に延長にのみ存する。Q・E・D・

系

空間と物体は事実上異ならない。

証明

物体と延長は事実上異ならない(前定理により)。また空間と延長も実際上異ならない。従って(公理十五により)空間と物体は事実上異ならない。Q・E・D・

備考

我々は、神は遍く在ると主張するけれども、*だからといって我々は神が延長的である、換言すれば(前定理により)物体的であるということを認めるわけではない。遍く在るということは、ただ神の能力及び神が万物を維持するための神の協力にのみ関するからである。従って、神の遍在が延長或は物体に関しないことは、それが天使や人間の霊魂に関しないと同様である。しかし注意すべきは、神の能力は遍く在ると我々が言う場合、我々は神の本質を神の能力から分離しているのでないということである。なぜなら神の能力のあるところには常に神の本質もあるからである（第一部定理十七の系）。むしろ我々はただ神の物体性を排除するためにそう言うのである。換言すれば、神が遍く在るのは何らかの物体的な能力によるのでなく、むしろ延長と思惟するものとを維持するに共通の（第一部定理十七）神的な能力或は本質によるという意味である。もし神の能力即ち神の本質が物体的であったとしたら、実際神は、この両者を維持することができなかったであろう。

＊　これに関する詳細は本書附録第二部三章及び九章参照。

定理三

真空が存在するということは自己矛盾である。[一六]

証　明

真空とは物体的実体のない延長のことと解される（定義五により）。換言すれば（この部の定理二より）物体のない物体のことである。しかしこれは不条理である。

真空に関するもっと詳細な説明のために、また真空に関する先入見の是正のためには、「哲学原理」第二部十七及び十八節を読んでいただきたい。そこでは相互の間に何も介在しないような物体は必ず相接触すること、また無にはどんな特質も属しないことが特に注意されている。

定理四

物体の同じ部分が或る時は他の時よりも大きな空間を占めるということはない。また逆に、同じ空間が或る時は他の時よりも大きな物体を含むということもない[一七]。

証明

空間と物体とは事実上異ならない(この部の定理二の系により)。だから、空間が或る時は他の時よりも大でない(公理十三により)と我々が言う時、それは、物体が或る時は他の時よりも大であり得ない、即ちより大なる空間を占め得ないといっているのと同じである。これが第一の点であった。次に、空間と物体とは事実上異ならないのであるから、同じ物体が或る時は他の時よりも大なる空間を占め得ないと我々がいう時、それは同じ空間が或る時は他の時よりも大なる物体を含み得ないというのと同じことになる。Q・E・D・

系

等しい空間を占める物体、例えば黄金と空気とは、等量の物質、即ち等量の物体的実体を含む。

証　明

物体的実体というものは、固さや柔かさ――例えば黄金の固さや空気の柔かさ――に存するのでなく、また他のどんな感覚的性質に存するのでもない（この部の定理一により）。むしろそれはただ延長にのみ存する（この部の定理二により）。ところが（仮定により）その一には他におけると等量の空間即ち（定義六により）等量の延長が存するのだから、従って各〻には等量の物体的実体が存することになる。Q・E・D・

定理五

アトムは存在しない（一八）。

証　明

アトムとはその本性上分割し得ない物質部分である（定義三により）。ところが物質の本性は延長に存し（この部の定理二により）、そして延長はどんなに小さいものでもその本性上分割し得る（公理九並びに定義七により）。だから物質部分は、たとえどんなに小さいものでもその本性上分割し得る。換言すれば、アトム即ちその本性上分割し得ない物質部分は存在しない。Q・E・D・

備考

アトムがあるかどうかは常に困難な錯綜した問題になっている。或る人々はアトムがあると主張する。その論拠とするところは、一つの無限なるものは他の無限なるものより大であり得ないということ、及び、もし二つの量、例えばAと二倍のAという二つの量が無限に分割され得るものなら、この二つの量は、その無限に多くの部分をひと目で認識する神の能力によって無限に多くの部分に実際上分割され得るであろう、というにある。つまり、今いったように一つの無限なるものは他の無限なるものより大でないのだから、〔共に無限に分割された〕Aという量とAの二倍の量とは等しいことになり、それは不条理だというのである。更に彼らは、無限な数の半分もまた無限かどうかとか、無限な数は偶数か奇数かとかいったような問題を提出する。これらすべてに対してデカルトはこう答える。我々は、我々の知性のもとに来たる事柄、従って明瞭判然と理解される事柄をば、我々の知性或は把握力を超越する事柄、従って極めて不十分にしか我々に知覚されない事柄のために放棄してはならないと。実際のところ、無限なるもの(infinitum)とその諸特質は、本性上有限な人間の知性を超越する。だから空間に関して我々が明瞭判然と理解する事柄をば、我々が無限なるものを把握し得ないということだけのために虚偽として放棄したり、これについて疑ったりするのは愚かであろう。そしてこの理由から、デカルトは世界の延長とか物質部分の可分性とかいったような、我々がその限界を認めることのできないものをば無限定(indefinitum)と名づけている。「哲学原理」第一部二十六節を読まれたい。

物質は無限定的に延長している。そして天の物質も地の物質も同一である。(一九)

定理六

証明

前半の証明　延長の限界、換言すれば(この部の定理二により)物質の限界は、その限界の向うに、直接それと続く他の空間を(公理十により)、換言すれば(定義六により)他の延長即ち物質を考えることなしには――しかもそれを無限定的に広がっているものとして考えることなしには――考えることができない。これが第一の点であった。

後半の証明　物質の本質は延長に存する(この部の定理二により)。しかもそれは無限定な延長に(前半により)、換言すれば(定義四により)、人間の知性でその限界を知覚し得ないような延長に存する。だから物質は(公理十一により)多種多様なものでなく、むしろ至る所同一である。これが第二の点であった。

備考

これまで我々は、延長の本性或は本質について論じて来た。また、我々の理解するような延長が神によって創造されて存在していることを第一部の最後の定理で証明した。なおまた第一部の定理十二からして、この延長は、それが創造されたと同一の力で維持されていることが帰結される。次にまた我々は、第一部の同じく最後の定理によって、思惟するものとしての我々がこの物質の一部分と結合していることを証明した。そしてこの結合のおかげで我々は物質のあのすべての変化——物質がそうした変化をなしうるものであることを我々は物質の単なる考察のみによって知っている——が現実的に存在することを知覚する。例えば物質の可分性や、場所的運動即ち物質の一部分の或る場所から他の場所への移動などである(我々は物質の他の部分が移動部分の跡をうめることを理解しさえすればこの移動を明瞭判然と認識し得る)。そしてこの分割や運動は無限に多くの仕方で我々に考えられ、従ってまた物質の無限に多くの変化が考えられるわけである。私はいう、我々がこれらの変化を延長の様態と考えて延長と実在的に区別されるものと考えない限り、それは我々に明瞭判然と考えられるのである(これについては「哲学原理」第一部で詳しく説明されてある)。そしてたとえ哲学者たちが他の多くの運動を認めたにしても、明瞭判然と把握することしか容認しない我々としては場所的運動以外のどんな運動も認めないであろう。場所的運動以外のどんな運動も延長にとって可能でないことを我々は明瞭判然と理解するし、また他のどんな運動も我々の想像下に入って来ないからである。

しかし伝えるところによれば、ゼノンはいろいろな理由によって場所的運動を否定したといわれる。キニク派のディオゲネスは彼一流のやり方でこれらの理由に反対した。即ち彼はゼノンがこれを教えている学校の中をあちこち歩きまわり、これによってゼノンの聴衆を妨害したのであった。そして、聴衆の一人が彼を引きとめて歩きまわらせまいとするのに気づくと、彼はその人を非難していった、「なぜお前はそんなことをして敢えてお前の先生の論証をぶちこわそうとするのか」と。(二〇)しかし恐らく誰もゼノンの理由に欺かれて「感覚が我々に知性と全く矛盾する或るもの即ち運動を示すので、そのため精神も、知性の力で明瞭判然と知覚するような事柄に関してさえ錯覚に陥るのだ」などと思いはしまいが、とにかくそんなことのないように私はここにゼノンの主要理由をあげ、そして同時にそれらの理由がただ誤った偏見にもとづいていることを、即ち彼は物質に関して何らの正しい概念を持たなかったからそんな風に考えたのだということを示すであろう。

彼はまず次のようにいったといわれる。(二一)「もし場所的運動が存在するとしたら、最高速度で運動する物体の回転運動は静止に異ならないであろう。しかしこの結論は不条理である。故に始めの前提もまた不条理である」と。彼はこの結論を次のように証明する。そのすべての点が絶えず同じ場所にとどまっているような物体は静止している物体である。ところが、最高速度で回転する物体のすべての点は絶えず同じ場所にとどまっている。故にそうしたものは静止していると異ならない云々と。彼はこれを車輪の例で説明したといわれる。この車輪をＡＢＣとする。もしこの車輪が或る速さでその中心のまわりを運動するとすれば、点Ａはこの車輪がより遅く運動す

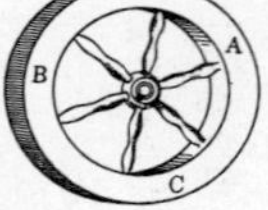

る場合に比し、B及びCを通る回転をより速く終えるであろう。そこで例えばこの車輪が遅く運動し始めて、一時間たった後、点Aがその出発の場所に帰ると仮定しよう。さてもしこの車輪が二倍の速さで運動すると仮定すれば、点Aはそれが運動し始めた場所に半時間で帰るであろう。またもし四倍の速さになったとすれば、四分の一時間でもとの場所にもどるであろう。今もしこの速度が無限に増大し、この時間が一瞬間にまで縮小すると考えれば、点Aは、その最高速度の場合には、すべての瞬間において、換言すれば絶えず、その出発した場所にあるであろう。従って点Aは常に同じ場所にとどまることになろう。そして我々が点Aについて理解することは、この車輪のすべての点についても理解される。だからこの車輪のすべての点は、その最高速度の場合には絶えず同じ場所に止まることになる。

だがこれに答えるために注意せねばならないのは、この論証が運動そのものを否定することに役立つというよりも、むしろ最高の運動速度なるものを否定するに役立つということである。我々はしかしここではゼノンの論証が果たして正しいかどうかについてはたずねないで、ただ運動を排撃しようとする限りにおいてのこの論証全体を支えている彼の偏見を摘発することにしよう。第一に彼はそれ以上の速さが可能でない程速い物体運動が考えられるものと仮定する。第二に彼は時間が瞬間から構成されると仮定する(あたかも他の人々が大いさなるものは分割のできない多くの点から構成されると考えたように)。しかしそのどちらも虚偽である。なぜなら、それより速い運動が考えられない程速い運動というものは考えることができない。運動がほんの短い線を描く場合でも、それ以上速い運動があり得ない程速い運動というものを考えることは我々の知性に矛盾するのである。同じことがまた遅さに関してもあてはまる。というのは、これ以上遅いものがあり得ない程遅い運動というものを考えることは矛盾を含むからである。一方、運動の尺度である時間についても、我々は同じことを主張する。即ち、これ以上短い時間はあり得ないほどの時間を考えることは明らかに我々の知性に矛盾する。これらすべてを証明するため、我々はゼノンの跡について行ってみよう。そこで我々は彼のように、車輪ＡＢＣが最高の速度で中心のまわりを運動し、その結果点Ａがあらゆる瞬間においてその出発の

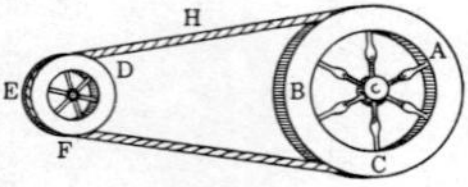

場所Ａにあるものと仮定しよう。敢えていう、私はそれよりも無限に早い速度を、従ってまた無限に小なる瞬間をはっきり考え得る、と。というのは、車輪ＡＢＣがその中心のまわりを運動する間に、紐Ｈの力によって他の車輪ＤＥＦ(これは前者の半分の大いさと仮定する)をその中心のまわりを運動させると仮定しよう。ところで、車輪ＤＥＦは車輪ＡＢＣの半分の大いさと仮定されているから、車輪ＤＥＦは明らかに車輪ＡＢＣの二倍の速さで運動し、従って点Ｄは、半分の瞬間で再びその出発した場所に戻ることになる。次にもし車輪ＡＢＣに車輪ＤＥＦの運動を与えれば、ＤＥＦは始めの四倍の速さで運動するであろう。また更に車輪ＡＢＣに車輪ＤＥＦのこの最後の速度を与えれば、ＤＥＦは八倍の速さで運動するであろう。このようにして果てしがない。しかしこのことは単に物質の概念だけからも極めて明瞭にわかる。というのは、物質の本質はす

でに証明したように、延長に即ちどこまでも分割し得る空間に存し、そして空間のない運動はないのである。また我々は、物質の同一部分が同時に二つの空間を占め得ないことを証明した。なぜなら、それでは、上に述べたことから明らかなように、物質の同一部分がその二倍の量に等しいというのと同じだからである。そこでもし物質の一部分が運動するとすれば、それは或る空間を通して運動するのであり、そしてこの空間は、どんなに小さく考えられるものでもやはり分割可能であり、従ってまた運動の尺度である時間もそうである。故にこの運動の持続即ち時間もまた分割可能であり、しかも無限に分割可能であることになる。Q・E・D・

　さて我々はゼノンが用いたといわれる他の詭弁に移ろう。それは次のようなものである。もし物体が運動するとすれば、それはその在る場所において運動するか、それともその在らぬ場所において運動するか、そのどちらかである。しかし物体はその在る場所において運動することはない。なぜなら、もしそれがどこかに在るとすれば、それは必ず静止しているはずだからである。だがまたそれはそのあらぬ場所において運動するわけもない。故に物体は運動なるものをしないのだ、と。しかしこの論証は前の論証に全く等しい。即ち、ここでもまた彼は最小時間というものの存在を仮定している。というのは、もし我々が彼に「物体は一つの場所において運動するのでなくて、その在る場所からそのあらぬ場所へ運動するのだ」と答えるとすれば、彼は「その物体はその中間の場所になかったかどうか」と問うであろう。我々はこれに対し、二つの場合を区別しつつ答えるであろう、「もしあったということが静止していたという意味なら、その物体は運動している間どこかにあったということを我々は否定する。しかしもしあったということが存在していたという意味なら、我々は、その物体は運動している間必然的に存在していたという」と。するとまた彼は問うであろう、「それは運動している間一体どこに存在していたのか」と。我々はふたたび答えるであろう、「もしどこに存在していたということが、それは運動している間どんな場所を占めていたかという意味なら、我々は、それはどんな場所をも占めていなかったという。しかしもし、どんな場所を変えたかという意味なら、我々はそれは通過したその空間において考えられ得るすべての場所を変えたのだという」と。そうすれば彼は重ねて問うであろう、「物体は同一瞬間において一つの場所を占めかつ変えるということができたかどうか」と。これに対して我々は最後にまた二つの場合を区別しつつ答える、「もし瞬間ということが、これ以上小さい時間はあり得ない程小さい時間を意味するなら、すでに十分示したように、彼は理解不能の事柄を問うているのである。だから答弁の要がない。だがもし時間を前述の意味に、即ちその真の意味に解するのなら、たとえ時間を無限に短く仮定しても、物体が一つの場所を占めかつ変えることができない程に小さい時間というものは、考えることができない。これは注意深い者にとって明瞭である」と。これからして、我々が上に述べた通り、ゼノンはこれより小さい時間はあり得ない程小さい時間を仮定しており、従って彼はここでもまた何事をも証明していないのだということがはっきりわかる。

この二つのほかに、ゼノンのなおもう一つの論証が伝えられている。これはその駁論と共にデ

カルトの書簡集第一巻の最後から二つ目の中に見ることができる。（二二）

しかしここで読者に注意願いたいのは、私はゼノンの論拠に私の論拠を対立させたものの、これはゼノンを理性的な理由によって反駁したのであって、ディオゲネスのやったように感覚によったのではないということである。実際感覚は、真理探究者に対し、自然の現象を提示してくれて、これによって彼をそれらの現象の原因を究明するようにさせることはできる。しかし感覚は、知性が明瞭に真だと認識するものを虚偽として示すことは決してできない。我々の見解はこのようなものである。従って我々の方法は、我々の論ずる事柄を、知性で明瞭判然と知覚された理由にもとづいて証明することにある。そして、感覚が一見これと反対な事柄を告げようとも何ら意に解しないのである。感覚はすでに述べた通り、ただ知性をあれより先にこれを探究するように決定し得るだけであって、知性が明瞭判然と知覚するものを虚偽として示すことはできないのであるから。

定理七

或る物体が他の物体の場所に移る時には、同時に他の物体は必ず第三の物体の場所に移る。（二三）

証明（次の定理の図形を見よ）

もしこれを否定するならば、できることなら物体Aが物体B——このBをAと等しいものと仮定する——の場所に移りそしてBがその場所を退かないものと仮定せよ。そうすれば、これまでBだけを含んでいた空間が今は(仮定により)AとBを、即ち前に含んでいた二倍の物体的実体を含むことになる。これは(この部の定理により)不条理である。故に或る物体が他の物体の場所に移る時には云々。Q・E・D・

定理八

或る物体が他の物体の場所に移る場合、その物体の去った場所は、同じ瞬間に、その物体と直接接触している他の物体によって占められる。

証　明

もし物体BがDの方向へ運動するとすれば、同じ瞬間に、物体AとCは相互に近づいて接触し合うか或はそうでないかのどちらかであろう。もし相互に近づいて接触し合うとすれば、上述の趣旨は承認されるわけである。これに反し、もし相互に近づかず、Bの去った空間全体がAとCの間に残るとするなら、Bに等しい物体(この部の定理二の系及びこの部の定理四の系により)がその間に介在する。しかしこの物体は(仮定により)Bそのものではない。だからそれは同じ瞬間にBの場所に移る他の物体である。そしてこの移動は同じ瞬間に起るのだから、それはBと直接接触するような

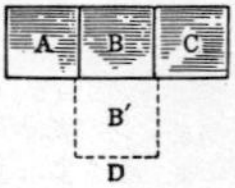

物体でしかあり得ない。このことはこの部の定理六の備考によって明らかである。というのは、我々はその個所で、或る場所から他の場所へ移る運動は必ず或る時間――〔瞬間ではあるが〕最小時間ではないところの――を要することを証明した。そしてこのことからして、物体Bの空間が同じ瞬間において占められるのは、その場所に移る前に或る空間を通過して運動せねばならぬような物体によってではあり得ないことになる。故にただBと直接接触する物体のみが同じ瞬間にこの場所に移る。Q・E・D・

備考

物質の部分は相互に実在的に区別されるから(二四)（「哲学原理」第一部六十一節により）、その一部分は他の部分なしに存在することができ（第一部定理七の系により）、相互に依存しない。だから、同感(Sympathia)や反感(Antipathia)に関するあのすべての妄想は虚偽なものとして排斥すべきである(二五)。次に、或る結果の原因は常に積極的なものでなければならぬから（第一部公理八により）、物体の運動が時に真空を埋めるために起るなどとは決して言われず、むしろ物体の運動はただ他の物体の衝撃によってのみ生ずるのである(二六)。

系

すべての運動において、諸物体の環全体は同時に運動する。

証　明

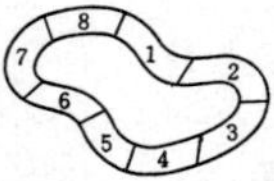

物体１が物体２の場所に移る時に、この物体は、他の物体例えば３の場所に移らねばならぬ。かくて順次にそうなる（この部の定理七により）。次に物体１が物体２の場所に移った同じ瞬間に、物体１が去った場所は他の物体によって占められねばならぬ（この部の定理八により）。例えば８により、或は１そのものに直接接触する他の物体によって。このことはただ他の物体の衝撃のみによって生じ（前の備考により）、そして他の物体とはここでは物体１のことなのだから、これら運動する物体すべてのは一直線上にはあり得ず（公理二十一により）、むしろ（定義九により）完全な環を描く。Q・E・D・

定理九

もし環状の導管ＡＢＣが水で満たされ、そしてＡにおいてはＢにおける四倍の広さがあるとすれば、Ａにおけるその水（或は他の流体）がＢに向って運動を始める時、Ｂにおける水は四倍の速さで運動するであろう。

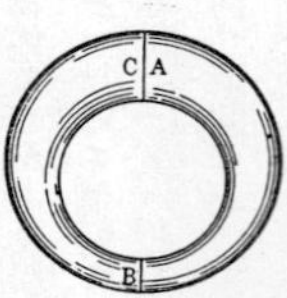

証　明

Ａにおける水の全量がＢに向って運動すれば、同時に、Ａと直接接触する

Cからそれと等量の水がAの場所に移らねばならぬ(この部の定理八により)。そしてBからは等量の水がCの場所に移らねばならぬ(同定理により)。故にこの水量は(公理十四により)四倍の速さで運動するであろう。Q・E・D・

我々が環状の導管について述べたことは、同時に運動する諸物体が通過せねばならぬすべての等しからざる空間についてもあてはまる。証明はその他の場合においても同一であるから。

補助定理

もし二つの半円、例えばAとBが同じ中心で描かれるとすれば、二つの円周の間の空間は至るところ等しいであろう。これに反しCとDのように異なった中心で描かれるとすれば、二つの円周の間の空間は至るところ等しくないであろう。

この証明は単に円の定義だけから明らかである。

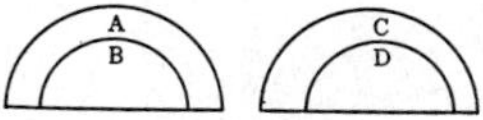

定理十

導管ABCを通って運動する流体は無限定的に多くの速度段階を取る(前定理の図形を見よ)。

証明

ＡとＢの間の空間は至るところ不等である（前の補助定理により）。だから（この部の定理九により）流体が導管ＡＢＣを通って運動する速度は至るところ不等であろう。更に、ＡとＢの間には、次第に小さくなる無限定的に多くの空間を我々は思惟し得るから（この部の定理五により）、我々はまた至るところにあるその空間的不等性を無限定的に多く考え得るであろう。従ってその速度段階は（この部の定理九により）無限定的に多くあるであろう。Ｑ・Ｅ・Ｄ・

定理十一

導管ＡＢＣを通って流れる物質は無限定的に多くの小部分に分割される（定理九の図形を見よ）。

証　明

導管ＡＢＣを通って流れる物質は、同時に無限定的に多くの速度段階を取る（この部の定理十により）。だからこのような物質は（公理十六により）無限定的に多くの、現実に区別される部分を有する。Ｑ・Ｅ・Ｄ・「哲学原理」第二部三十四及び三十五節を読まれたい。

備　考

我々はこれまで運動の本性について論じて来た。今はその原因について探究せねばならぬ。この原因は二重である。即ちまず第一原因或は普遍的原因であって、これは世界にあるあらゆる運動の原因となるものである。それから個別的原因であって、これは個々の物質部分が以前持っていなかった運動を得るようになる原因である。普遍的原因についていえば、我々は明瞭判然と知覚することしか容認すべきでなく(第一部定理十四及び同部定理十七の備考により)、そして我々は神(即ち物質の創造者)以外の他の何らの原因をも明瞭判然と認識しないのであるから、神以外には他の何らの普遍的原因を容認すべきでないことが明らかである。なお我々がここで運動について述べたことは静止についても理解されねばならぬ。

定理十二

神は運動の根本原因である。(二七)

証　明

すぐ前の備考を見よ。

定理十三

神がかつて物質に与えた運動と静止の同じ量が今なお神の協力によって維持される。

証　明

神は運動と静止の原因であるから(この部の定理十二により)、神はそれらの運動や静止を創造したその同じ能力によって、今なおこれを維持する(第一部公理十により)。しかもそれは神が初めにこれらを創造したと同じ量においてである(第一部定理二十の系により)。Q・E・D・

備考

一、神学においては、神は自分の能力を人間に示すために任意に多くのことをするといっている。しかし、神の任意にのみ依存する事柄は神的啓示によってしか知られないのであるから、ただ理性の明示することだけを探究する哲学においては、哲学を神学と混同しないために、そうしたことは決して容認すべきでないであろう。

二、運動は、運動する物質においてはその物質の一様態にすぎないけれども、やはり運動は、一定のきまった量を有している。これをどのように解すべきかは次によって明らかになるであろう。「哲学原理」第二部三十六節参照。

定理十四

各〻の事物は、それが単一である限り、即ちそれ自身のみで考察される限り、自己の力の及ぶだけ、常に同じ状態(status)に固執する。(二八)

この定理は多くの人々には公理として通用する。しかし我々はこれを証明しよう。

証明

いかなる事物もただ神の協力にもとづいてのみ或る状態にあるのであり(第一部定理十により)、また神はその活動において最も恒常的なのであるから(第一部定理二十の系により)、もし我々が何らの外的原因即ち個別的原因を念頭に置かずに、事物をただそれ自身において考察するならば、事物は自己の力の及ぶだけ常にその現在の状態に固執することが肯定されねばならぬであろう。Q・E・D・

系

一旦運動した物体は、外的原因に妨げられない限り、常に運動しつづける。

証明

これは前定理から明らかである。なお運動に関する偏見を是正するためには、「哲学原理」第二部三十七及び三十八節を読まれたい。

定理十五

運動するすべての物体は、それ自身では曲線をなさず直線をなして運動しつづける傾向を有す

る。[二九]

この定理も公理の中に入れてもよいかもしれぬ。しかし私は前の諸定理にもとづいてこれを次のように証明しよう。

証　明

運動はただ神をのみ原因として持つから(この部の定理十二により)、それ自身では存在する力を持たず(第一部公理十により)、むしろすべての瞬間に神によっていわば新しく創造される(今引用した公理に関して証明したところにより)。それ故に、我々がただ運動の本性のみを念頭に置く限り、我々はそれに対し、その本性に属するものとして、或る他の持続性よりも一層大と考えられるような持続性を帰することができないであろう。ところが、運動において曲線を描くことが或る運動する物体の本性に属するというならば、それは直線をなして運動しつづける傾向が運動する物体の本性に属すると仮定する場合よりも、一層大なる持続性を運動の本性に帰することになるであろう(公理十七により)。しかるに(今証明した通り)我々はそうした持続性を運動の本性に帰することができないのだから、従って、何らかの曲線をなして運動しつづけることが運動せる物体の本性に属するとは考えることができず、ただ直線をなして運動しつづけると考え得るのみである。Q・E・D・

備考

恐らくこの証明は、直線を描くことが運動の本性に属するということも、曲線を描くことが運動の本性に属しないということもそのどちらも示していないように多くの人々には思えるかも知れない。それは、これ以上小さい直線乃至曲線のないような最小直線は考えられないし、またこれ以上小さな曲線のないような最小曲線も考えられないからである。しかしこうしたことを考慮に入れてみても、やはりこの証明は正しくなされていると信ずる。というのは、この証明は証明すべき事柄を、専ら各〻の線の一般的本質或は本質的相違にのみもとづいて結論しているのであって、各〻の線の量或は偶然的相違にもとづいて結論しているのでないからである。だがしかし、それ自体で十分明白な事柄を証明によってかえって曖昧なものにすることのないように、私は読者諸君に運動の定義そのものを顧みていただくことにする。即ち、その定義によれば運動は物質の一部分がそれと直接接触する物体の傍から他の物体の傍へ移動することとしてのみ認められている。従ってこの移動を最も単純なものとして、換言すれば直線的に行われるものとして考えない限り、我々は運動の定義乃至本質に含まれていない或るもの、つまり運動の本性に属しない或るものを、運動に附加することになるのである。

系

この定理からして、曲線運動をなすすべての物体は、それ自身によって運動しつづけるはずの線から絶えずそれているのであること、しかもそれは何らかの外的原因の力によってそれているのであることが帰結される(この部の定理十四により)。

定理十六

円運動をなすすべての物体、例えば投石機につけた石は、接線の方向へ運動しつづけるように絶えず決定されている。

証明

円運動をなす物体は、直線をなして運動しつづけることを外的な力によって絶えず妨げられている(前定理の系により)。この力が止めば、この物体はそれ自身で直線的に運動しつづけるであろう(定理十五により)。さらに私はいう、円運動をなす物体は、接線の方向へ運動しつづけるように外的原因によって決定されている、と。これを否定しようとする者は、例えばＢにおける石が、投石機によって接線ＢＤの方向へ決定されずに、この同じ点から円の外、或は内に考えられる他の線の方向、例えばＢＦの方向へ(これは投石機がＬの部分からＢの方へ来ると考えられる場合)、或はＢＧの方向へ(これは反対に、投石機がＣの部

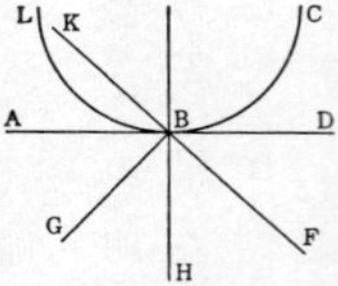

分からBの方へ来ると考えられる場合)決定されるものと仮定せよ。但しこの際BGをば、BH——中心から円周をよぎって引かれかつこの円周を点Bで切る線——と角FBHに等しい角を成す線であるとする。ところでもし石が、LからBの方へ円運動をなす投石機により点BにおいてFの方へ運動し続けるように決定されると仮定すれば、もし投石機が反対の方向をとってCからBの方へ運動する場合には、石は必然的に(公理十八により)線BFと反対の方向へ運動しつづけるように決定され、従ってGの方へではなくKの方へ向うであろう。これは仮定に反する。*そして点Bをよぎって引かれる線で、かつ両側において相等しい角——DBHとABHのような——を線BHと成す線は、接線以外には認め得ないから、投石機がLからBの方へ運動する時も、CからBの方へ運動する時も、同じ仮定を満足させ得る線は、接線の外にはない。従って、石が運動しつづける線としてただ接線のみが認められ得るのである。Q・E・D・

＊ これはユークリッドの幾何原本第三巻定理十八及び十九から明らかである。

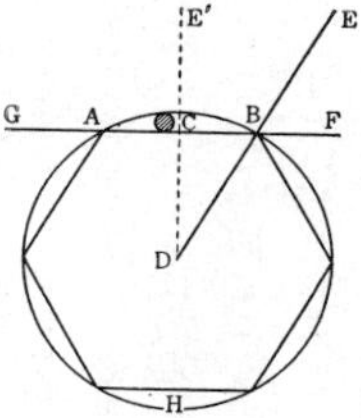

別な証明(三〇)

円の代りに円に内接する六角形ABHを考え、そして物体Cが一辺AB上に静止しているとせよ。次に定規DBE(その一端は中心Dに固定し、他の一端は運動するものとする)が、絶えず線ABを切りながら中心Dの周りを運動すると考えよ。もし定規DBEがこのように運動しつつ線ABを直角に切る時に物体Cに出会うとすれば、この定規は、物体Cをば、自己の衝撃によって、線FBAG上をGの方向へ運動しつづけるように、換言すれば辺ABを無限定的に延長した方向へ運動しつづけるように決定することは明らかであろう。しかしここで我々は任意に六角形を選んだのであるから、同じことがこの円に内接すると考えられるすべての他の図形にあてはまる。即ちそのいずれの場合においても、図形の一辺上に静止する物体Cは、定規DBEがこの辺を直角に切る時この定規によって衝撃を与えられ、この辺を無限定的に延長した方向へ運動しつづけるようにこの定規によって決定されるであろう。そこで我々は、六角形の代りに無限に多くの辺を持つ直線図形(即ちアルキメデスの定義による円)を考えてみよう。そうすれば定規DBEは、どこで物体Cに出会おうとも、こうした図形の辺を直角に切る時に常にそれに出会うことが明らかである。従ってそれは、物体Cに出会うと、同時に、物体Cを、その辺を無限定的に延長した方向へ運動しつづけるように決定せずにはいないであろう。そして両方向へ延長された各〻の辺は常に図形の外に出なければならぬから、この無限定的に延長された辺は、無限に多くの辺を有する図形即ち円の切線であるであろう。このようにして、もし我々が定規の代りに、円運動をなす投石機を考えるなら、この投石機は石を切線の方向へ向って運動しつづけるように絶えず決定するであろう。Q・E・D・

ここに注意したいのは、この二つの証明はどんな任意の曲線図形にも当てはまるということである。

定理十七

円運動をなすすべての物体は、それが描く円の中心から遠ざかろうとつとめる。

証明

或る物体が円運動をなす限り、その物体は或る外的原因によって強制されているのであり、この原因が止むと同時にそれは切線の方向へ向って運動しつづける(前定理により)。そしてそのすべての点——円に接触する点を除いて——は、円の外に出る(ユークリッド幾何原本第三巻定理十六により)。従ってそれらの点は次第に中心から遠ざかってゆく。故に、投石機ＥＡの中で円運動をなす石が点Ａにある時、その石は直線の方向へ、即ちそのすべての点が円周ＬＡＢのすべての点よりも中心Ｅから一層遠ざかってゆくような直線の方向へ運動をつづけるようにつとめる。これはつまり、石が、その描く円の中心から遠ざかろうと力めることに外ならぬ。Ｑ・Ｅ・Ｄ・

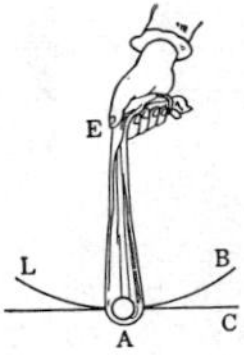

定理十八

もし或る物体、例えばAが、静止している他の物体Bへ向って運動し、しかもBが物体Aの衝突によって何らその静止を失わないとするならば、Aもまた何らその運動を失うことなく、むしろAは以前持っていたと同じ運動量を完全に保つであろう(三一)。

証　明

もしこれを否定するなら、物体Aがその運動の幾分を失い、しかもその失ったものを他の物体、例えばBへ伝えることがないと仮定せよ。すると、こうしたことが起る場合、自然のうちには以前よりも小なる運動量があることになるであろう。これは不条理である(この部の定理十三により)。物体Bにおける静止に関しても証明は同じ仕方でなされる。故に、もし両者の一が他に対して何ものをも伝えない場合は、Bはそのすべての静止を、またAはそのすべての運動を保つであろう。Q・E・D・

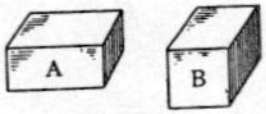

定理十九

運動それ自体と、その運動が或る一定方向へ決定されるということとは別物である。そして、運動している物体は、その運動を反対の方向へ導かれまたは反撥させられるのに、しばらくも静止する必要がない。

証明

前定理に於けるように、物体AがBの方向へ直線的に運動し、そして物体Bのためそれ以上の運動を妨げられると仮定せよ。そうすれば（前定理により）Aはその全運動を保ち、そして瞬時も静止することがないであろうが、しかしその運動の継続に当って、以前運動していたと同じ方向へ運動することはできない。なぜなら、Bがそれを妨げるものと仮定されているからである。だから、その全運動を保ち、しかも以前の方向を失ったAは、反対の方向へ運動し、他のいずれの方向へも向わないであろう（「光線屈折学」の第二章に述べられていることにより）。従って（公理二により）、方向（determinatio）ということは運動の本質には属せず、むしろそれと別物であり、そして運動している物体は、このように反撥する場合、暫時も静止することがない。Q・E・D・

系

この帰結として、運動は他の運動と対立しないということになる。(三二)

定理二十

もし物体Aが物体Bに衝突し、そしてこれを連行するとすれば、Aは、BがAと衝突したためにAから得ただけの運動を、自己の運動から失うであろう。

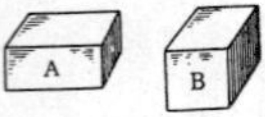

証　明

もしこれを否定するなら、BはAが失ったより多くの、或は少ない運動をAから得ると仮定せよ。そうすれば、この相違が、そのまま、自然全体の運動量を増大し或は減少することになるであろう。これは不条理である(この部の定理十三により)。このように、物体Bは、Aが失うよりも多くの、或は少ない運動を得ることができないのだから、Bは、Aが失うだけのものを得ることになる。Q・E・D・

定理二十一

もし物体AがBの二倍の大きさであり、かつBと等しい速さで運動するとすれば、Aはまた、Bと等しい速さを保つために、Bの二倍の運動即ち二倍の力を持つであろう(前定理の図形を見よ)。

証　明

例えばAの代りに二倍のBを、換言すれば(仮定により)二つの等しい部分に分たれた一つのAを仮定せよ。そうすればこれら二つのBの各〻は、それが現にある状態に止る力を持つであろう(この部の定理十四により)、そしてこの力はどちらも等しい(仮定により)。さてもしこれら二つのBがその速さを保ちながら結合するとすれば、そこに一つのAが、——その力と量は二つのB即ち一つのBの二倍に等しいところの一つのAが、生ずるであろう。Q・E・D・

注意　このことは単に運動の定義だけからも帰結される。なぜなら、運動する物体が大であればある程、他の物体から離れるそれだけ多くの物質が存することになり、従ってそれだけ多くの分離即ち(定義八により)それだけ多くの運動が存することになるからである。運動の定義に関して我々が第四に注意した事柄を見よ。

定理二十二

もし物体Aが物体Bに等しく、そしてAがBの二倍の速さで運動するとすれば、Aにおける力即ち運動(vis sive motus)はBの二倍であるであろう(定理二十の図形を見よ)。

証　明

Bが初めて運動する一定の力を得た時、例えば四度の速さを得たとせよ。今もしこれに何ものも加わらなければ、Bは運動しつづけ(この部の定理十四により)、そしてその状態に固執しつづけるであろう。ところでBがさらに新しい衝撃によって、先の力に等しい他の新しい力を得るとせよ。そうすればそのためBは先の四度の速さの上に、さらに四度の速さを得るであろう。そしてこれをまた(同じ定理により)保つであろう。換言すれば、Bは二倍の速さ即ちAと等しい速さ

で運動し、そして同時に二倍の力即ちAに等しい力を持つであろう。この故にAにおける運動はBの二倍である。Q・E・D・

注意　ここで我々は、運動している物体における力ということを、運動の量のことと解する。この量は、等しい大きさの物体にあっては運動の速さに比例して大でなければならぬ。等しい大きさの物体は、この速さによって、同じ時間に、それがもっと遅く運動する場合よりも、直接接触する物体からより多く離れ、従って(定義八により)より多くの運動を持つからである。これに反し、静止している物体における抵抗の力ということを、我々は、静止の量のことと解する。これから次のことが帰結される。

系　一

物体は運動することが遅ければ遅い程それだけ多く静止の性質を帯びる。なぜなら、そうした物体は、自分と衝突しかつ自分より小なる力を持つところの、より速く運動する物体に対し、より多く抵抗し、従ってまた、自分と直接接触する物体から離れることが、より少いからである。

系　二

もし物体Aが物体Bの二倍の速さで運動し、そしてBがAの二倍の大いさだとすれば、大きい方のBにも、小さい方のAにも、同量の運動が存し、従ってまた等しい力が存することになる。[三三]

証明

BはAの二倍の大いさであり、そしてAはBの二倍の速さで運動するとせよ。次にCはBの半分の大いさであり、またAの半分の速さで運動するとせよ。そうすれば、Bは(この部の定理二十一により)Cの二倍の大いさの運動を持つであろうし、またAも(この部の定理二十二により)Cの二倍の大いさの運動を持つであろう。従って(公理十五により)BとAとは等しい運動を有することになる、その二つの運動はどちらも同じ第三のCの二倍であるから。Q・E・D・

系三

これからして、運動と速さとは区別されるということになる。なぜなら、等しい速さを持つ物体のうち、その一が他よりも多くの運動を持ち得ること(この部の定理二十一により)、また反対に、等しくない速さを有する物体が等しい運動を持ち得ること(前の系により)を我々は知っているからである。このことは、単に運動の定義だけからも帰結される。運動とは或る物体がそれと直接接触する物体の傍から他の物体の傍へ移動することに他ならぬのであるから。

しかしここに注意したいのは、この系三が系一と矛盾しないことである。なぜなら、速さというものは二様の仕方で我々に考えられる。即ち一つは或る物体が、これと直接接触する物体から、同じ時間に、多く離れるか少く離れるかという観点からであり、この点から言えば、速さは、分離の多少に比例して、運動或は静止の性質を帯びることがそれだけ多く或はそれだけ少い。もう一つは、その物体が同じ時間に描く線の長短という観点からであり、この点から言えば、速さは運動と区別されるのである。

私はここに、他のいくつかの定理を附加してこの部の定理十四を敷衍し、以て各〻の状態における事物の力を説明する——我々がここで運動に関してなしたように——ことができたであろう。しかし今は「哲学原理」第二部四十三節を通読してもらうこと、及び以下に述べることを理解するに必要な一つの定理を附加することだけで十分としよう。

定理二十三

或る物体の様態が何らかの変化を受けねばならぬ場合には、その変化は常にできる限りの最小のものであろう。[三四]

証　明

この定理はこの部の定理十四から十分明瞭に帰結される。

定理二十四（第一の規則）

もし二つの物体例えばAとBとが全く等しくて、等しい速さで真直に相向って運動するならば、これら両物体が互に衝突する場合、その各〻は、何らその速さを失うことなしに、反対の方向に撥ねかえるであろう[三五](定理二十の図形を見よ)。

この仮定において、これら二つの物体の対立性を解消するためには、その両者が反対の方向へ撥ねかえるか、それとも一つが他を連行するか、そのどちらかでなければならぬことは明らかである。なぜなら、両者はただ方向に関してのみ互に対立し、運動に関しては対立しないからである。

証　明

ＡとＢとが互に衝突すれば、両者は或る変化を受けねばならぬ(公理十九により)。しかし運動は運動と対立するものでないから(この部の定理十九の系により)、両者は何らその運動を失う必要がないであろう(公理十九により)。故にただその方向にだけ変化が起るであろう。しかしその一方の物体、例えばＢの方向だけが変化すると考えることはできない。もっともＡがＢより強力であってＢを変化させるものと想定すればこの限りでない(公理二十により)。しかしＡがＢより強力だと想定するのは始めの仮定に反する。このように方向の変化が一方にだけ起り得ないとすれば、変化は両者に起るであろう。即ち、ＡとＢとは反対の方向へ撥ねかえり、他のいずれの方向へも撥ねかえることがないであろう(「光線屈折学」の第二章に述べられてあるところにより)。そして両者の運動は完全に保たれるであろう。Ｑ・Ｅ・Ｄ・

定理二十五(第二の規則)

二つの物体が質量において不等な場合、即ちBはAより大である場合、その他の条件が前通りだとすれば、ただAのみが撥ねかえされるであろう、そして両物体は同じ速さで運動しつづけるであろう(三六)(定理二十七の図形を見よ)。

証明

AはBよりも小さいと仮定されているから、Aはまた(この部の定理二十一により)Bよりも小さい力を持つであろう。ところが、この仮定においては、前の場合と同様、対立性はただ方向にだけあるのであり、従ってまた、我々が前定理で証明したように、変化はただ方向に関してのみ起らねばならぬから、この変化は、Aにだけ起って、Bには起らないであろう(公理二十により)。故にAだけが、より強力なBによって反対の方向に撥ね返えされ、その速さは完全に保たれるであろう。Q・E・D・

定理二十六

二つの物体が質量と速さにおいて不等の場合、即ちBはAの二倍の大いさで、これに反し、Aの運動はBの運動の二倍の速さを持つ場合、その他の条件が前通りだとすれば、両物体は反対の方向に撥ねかえり、各〻はその持っていた速さを保つであろう[三七](定理二十七の図形を見よ)。

証　明

AとBとは、仮定によれば、互に向い合って運動するのだから、その一方には他方における等量の運動がある(この部の定理二十二の系二により)。故に、一方の物体の運動は他方の物体の運動と対立しない(この部の定理十九の系により)、そして両物体における力は等しい(この部の定理二十二の系二により)。だからこの仮定は、この部の定理二十四の仮定と全く等しい。従ってその証明により、AとBとは、その速さ[三八]を完全に保ちながら、反対の方向へ撥ねかえるであろう。Q・E・D・

系

上に述べたこれら三つの定理から明らかになるのは、一つの物体の方向は、それを変更するのに、その運動の変更と等しい力を要するということである。これからして、その方向の半分以上とその運動の半分以上とを失った物体は、その方向を全部失った物体よりも一層多くの変化を受けたことになる。

定理二十七(第三の規則)

もし二つの物体が質量において等しくあるが、BはAよりやや速く運動するとすれば、単にAが反対の方向へ撥ね返るばかりでなく、Bもまた、Aにまさる速さの半分をAに伝えるであろう。そして両者は等しい速さで同じ方向へ運動しつづけるであろう(三九)。

証明

Aは(仮定により)ただその方向においてBと対立するだけでなく、その遅さ——遅さなるものが静止の性質を帯びる限り(この部の定理二十二の系一により)——においてもBと対立する。この故に、たとえAが反対の方向へ撥ね返ってその方向だけ変化するとしても、それだけでこれら両物体の対立性の全部が解消されるわけではない。それで変化は(公理十九により)方向に関しても運動に関しても起らねばならない。ところでBは、仮定に依れば、Aより速く運動するのであるから、Bは(この部の定理二十二により)、Aよりも強力であろう。従って(公理二十により)変化はBによってAのうちに起り、AはBのため反対の方向へ撥ね返るであろう。これが第一の点であった。

次にAは、Bより遅く運動する限り、Bに対立する(この部の定理二十二の系一により)。故に、その限り、変化は、AがBより遅く運動することがなくなるまで行われなければならぬ(公理十九により)。しかしこの仮定においては、AをBより速く運動するように強制する程強力な原因は存しない。(なぜなら、もしAがBに押されてBよりも速く運動するようにされるとすれば、こ

の両物体は、その間の対立性が解消されるに十分であるよりも以上の変化を受けることになるであろう(実際この対立性は、すぐ前に証明されているように、AがBより遅く運動することがないようにさえなれば解消されるのであるから)。故に(この部の定理二十三により)AはBに押されてB自身よりも速く運動するということはあり得ないのである。)こんな次第で、AはBに押されている以上Bより遅く運動することはできないし、また〔今いったように〕Bより速く運動することもできないのであるから、AはBと等しい速さで運動しつづけるであろう。さて、もし、Bがその余分の速さの半分以下をAに伝えるとすれば、AはBより遅く運動しつづけるであろうし、これに反してBがその余分の速さの半分以上をAに伝えるとすれば、AはBより速く運動しつづけるであろうが、そのどちらもすでに証明したように不条理である。故に変化は、Bがただその余分の速さの半分をAに伝えるまで行われるであろう。そしてこの際Bは、その余分の速さの半分を(この部の定理二十により)失わねばならぬ。かくて両者は、何ら対立性なしに、等しい速さで、同じ方向へ運動しつづけることになるであろう。Q・E・D・

系

この帰結として、物体は速く運動すればする程、その運動している線の方向へ運動しつづけるように決定されることが一層多く、これに反して、遅く運動すればする程、一定の方向へ決定されることが一層少いということになる。

備考

読者諸君がここで方向の力(vis determinationis)と運動の力(vis motus)を混同しないように、この両者の区別をハッキリさせる若干の事柄を付け加えたいと思う。そこでもし、物体Aと

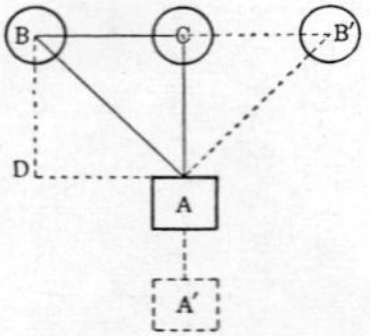

Cとが大いさが等しくて、かつ等しい速さで互に向い合って真直に運動すると考えるならば、この二物体は(この部の定理二十四により)その全運動を保ちながら反対の方向へ撥ね返るであろう。しかしもし物体CがBにあり、そして斜にAに向って運動するとすれば、今やCは線BD即ちCAの方向に運動する傾向がより少いこと明らかである。故に、CはAと等しい運動を持つとは言え、真直にAの方へ運動する場合のCの方向の力――それは物体Aの方向の力と等しい――は、BからAに向って運動する場合のCの方向の力よりも大である。そしてそれは線BAが線CAよりも大であるだけ大である。なぜなら、線BAが線CAよりも大であればあるだけ、Bは線BD即ちCAの方向――この線の方向をとることによってそれは物体Aの方向と対立する――へ運動し得るのに、それだけ多くの時間を要する(BとAとがここに仮定する通り等しい速さで運動するものとして)からである。従って、CがBから斜にAに衝突する場合には、Cはあたかも線AB′の方向をB′に向って運動しつづけるかのように決定されるであろう(B′はBCの延長線上の一点で、CがBから

離れているだけCから離れている点であるとする)。Aはしかし、自己の運動も方向も全然変えずにCへ向って運動しつづけ、そして物体Bを連行するであろう。なぜならその物体は、対角線AB′の方へ運動するように決定されかつAと等しい速さで運動するものである限り、線ACの一部分を自己の運動を以て通るのにAよりも多くの時間を要し、その割合でもってそれは、より強力なAの方向に対立するからである。しかしBからAへ向って運動するCの方向の力——それが線CAに関与する限り——が真直にAへ向って運動する場合のCの方向の力(或は、仮定により、Aの方向の力)と等しくあるためには、Bは必ずA以上の運動を有せねばならず、そしてそれがAにまさる程度は線BAが線CAより大なる程大であろう。そしてその際この物体が物体Aに斜に衝突するとすれば、Aは反対の方向即ちA′の方へ向って、またBはB′の方へ向って、共に自己の全運動を保ちながら撥ね返るであろう。これに反してもし、BのAにまさる程度が、線BAの線CAにまさる程度より大だとすれば、BはAをA′の方へ推し返し、自己の運動の若干をこれに伝え、そして結局両物体の運動の比は線BA対線CAの比に等しくなるであろう。そしてBは、Aに伝えただけの運動を失いながらも、以前運動していた方向へ運動しつづけるであろう。例えばもし、線AC対線ABの比が一対二であり、物体Aの運動対Bの運動の比が一対五だとすれば、Bは、その一度の運動をAに伝え、Aを反対の方向に推し返すであろう。そしてBは、残りの四度を以て、以前運動していたと同じ方向へ運動しつづけるであろう。

定理二十八（第四の規則）

もし物体Aが全く静止していて、しかもBより少し大だとすれば、Bがどんな速さでAに向って運動しようとも、Bは決してAを運動させないであろう。むしろ、BはAのため、その全運動を保ちながらも反対の方向へ推し返されるであろう。(四〇)（定理二十七の図形を見よ）

注意　これらの物体の対立性は三つの仕方で解消される。第一は、一つの物体が他の物体を運行し、その後両者が等しい速さで同じ方向へ運動しつづける場合である。第二は、一つの物体が反対の方向へ撥ね返り、他の物体はその静止を完全に保つ場合である。第三は、一つの物体が反対の方向へ撥ねかえり、しかも自己の運動の幾分かを静止している他の物体へ伝える場合である。第四の場合はあり得ない（この部の定理十三により）。そこで今我々は（この部の定理二十三により）、我々の仮定の場合の変化が、これらの物体の中に起り得る最小のものであることを証明せねばならぬ。

証　明

もしBがAを運動させ、そして結局両者が同じ速さで運動しつづけるようになるとすれば、Bは（この部の定理二十により）自己の運動のうち、Aが獲得するだけをAに伝え、そして（この部の定理二十一により）自己の運動の半分以上を失い、従ってまた（この部の定理二十七の系により）

自己の方向の半分以上をも失わねばならぬであろう。その結果Bは(この部の定理二十六の系により)ただ自己の方向を失った場合よりも一層多くの変化を受けるであろう。またもしAが自己の静止の幾分かは失うが、Bと等しい速さで運動しつづけるほど多く失わないとすれば、これらの両物体の対立性は解消されないであろう。なぜなら、遅さが静止の性質を帯びる限り(この部の定理二十二の系一により)、Aはその遅さによってBの速さに対立するからである。従ってBは、その上、反対の方向に撥ね返えらねばならぬであろう。そして結局、自己の方向の全体と、自己の運動のうちAに伝えただけの部分とを失うことになるであろう。この変化は、やはり、ただ方向だけを失った場合より大である。こんな次第で、我々の仮定の場合の変化は、ただ方向に関するものだから、これらの物体のうちに起り得る最小のものであろう。従って(この部の定理二十三により)これ以外の変化が起ることはないであろう。Q・E・D・

この定理の証明に関して注意すべきは、同様のことが他の場合にも起るということである。即ち我々は、この部の定理十九を引用しなかったが、その中では、運動そのものを少しも失うことなしに全方向が変化し得ることが証明されている。我々の今の証明の効力を正しく把握するためにはこれに注意せねばならぬ。というのは、我々はこの部の定理二十三において「変化は常に絶対的に最小でなければならぬ」といったのではなく、「でき得る限りの最小なものである」といっているのである。そして、我々がこの証明で仮定したような方向だけの変化というものがあり得るということは、この部の定理十八、十九及びその系から明らかなのである。

定理二十九（第五の規則）

もし静止している物体AがBよりも小であるとすれば、Bがどんなに遅くAに向って運動しても、BはAを一緒に運動させるであろう。即ち、Bは自己の運動の一部分をAに伝え、両者はその後等しい速さで運動するであろう[四一]（定理三十の図形を見よ）。（「哲学原理」第二部五十節参照）。この規則においてもまた、前の場合と同様に、対立性を解消するただ三つの可能性が考えられる。我々は、我々の仮定に於ける変化が、これらの物体のうちに生ずる最小の変化であること、従って（この部の定理二十三により）両物体はそうした仕方で変化せざるを得ないことを証明するであろう。

証　明

我々の仮定に従えば、BはAに（この部の定理二十一により）自己の運動の半分以下を伝え、また（この部の定理二十七の系[四二]により）自己の方向の半分以下を伝えることになる。しかしもしBがAを連行せずに、むしろ反対の方向へ撥ね返るとすれば、Bはその方向全体を失い、その変化はより大であろう（この部の定理二十六の系により）。しかしもし、第三の場合に仮定したように、Bがその全方向を失い、その上運動の一部をも失うとすれば、その変化はさらに一層大であろう。故に（これらの物体のうちに起る）変化は我々の仮定したようなものが最小のものだということに

なる。Q・E・D・

定理三十（第六の規則）

もし静止している物体Aが、Aに向って運動する物体Bと正確に等しいとすれば、AはBのため幾分推しやられ、またBはAのため幾分反対の方向へ推し返されるであろう（四三）。

ここでもまた、前の場合と同様にただ三つの可能性が考えられる。従って我々は、我々のここに仮定している変化が、あり得る限りの最小のものであることを証明すべきであろう。

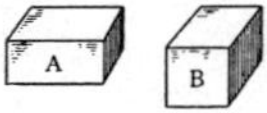

証　明

もし物体Bが物体Aを連行し、そして結局両者が等しい速さで運動しつづけるに至るとすれば、一つの物体の中には、他の物体の中におけると同量の運動があるであろう（この部の定理二十二により）。そしてBは（この部の定理二十七の系により）その方向の半分を失い、また（この部の定理二十により）その運動の半分をも失わねばならぬであろう。またもしBがAのため反対の方向へ推し返されるとすれば、Bはその方向の全体を失い、その運動の全体を保つであろう（この部の定理十八により）、この変化は前の場合の変化に等しい（この部の定理二十六の系により）。しかし、実際は、この両方の場合のどちらも起り得ない。なぜなら、もしAが自己の状態を保ち、そしてBの方向を変化し得るとすれば、Aは必然的に(公理二十により)Bよりも強力になり、これは仮定に反する。一方、もしBがAを連行し、そして結局両者が等しい速さで運動するようになるとすれば、BはAよりも強力であることになり、これまた仮定に反する。このように両方の場合のどちらも起り得ないのであるから、結局第三の場合が起るであろう。即ち、BはAを多少推しやり、またAのため多少推し返されるであろう。Q・E・D・「哲学原理」第二部五十一節参照。

定理三十一(第七の規則)

BとAとが同じ方向へ運動し、しかもAは遅く、BはAを追跡しながらAより速く進行して、ついにBがAに追突するものとする。この際もしAはBより大であるが、Bにおける速度の超過がAにおける大いさの超過よりも大であるとすれば、BはAに自己の運動の一部を伝え、両者はその後等しい速さで同じ方向へ進行するようになるであろう。これに反して、もしAにおける大いさの超過がBにおける速度の超過よりも大であるとすれば、BはAのため反対の方向へ撥ね返され、しかも自己の全運動を保つであろう[四四](前定理の図形を見よ)。

「哲学原理」第二部五十二節参照。ここでもまた、前と同様、ただ三つの場合だけが考えられる。

証明

前半の証明　BはAより強力と仮定されているから(この部の定理二十一及び二十二により)、

Aによって反対の方向へ撥ねかえされることができない(公理二十により)。従ってBは、Aより強力である限り、Aを一緒に運動させるであろう。しかも、両者が等しい速さで運動しつづけるような仕方で運動させるであろう。なぜなら、それによって生ずる変化は、前に述べたことから容易に判明するように、生じ得る最小のものだからである。

後半の証明　Bは、Aより弱いと仮定されているから(この部の定理二十一及び二十二により)、Aを推しやることができないし(公理二十により)、また自己の運動の一部をAに与えることもできない。だからBは(この部の定理十四の系により)その全運動を保つであろう。しかし同じ方向へ運動することはないであろう。なぜならそれはAのため妨げられるものと仮定されているからである。そこでBは(「光線屈折学」の第二章に述べられている事柄により)反対の方向へ——他のいずれの方向へでもなく——撥ねかえされ、その際自己の全運動を保つであろう(この部の定理十八により)。Q・E・D・

注意　この定理並びに先行諸定理において我々は、「他の物体と真直に衝突するすべての物体は、同じ方向へそれ以上進行することを他の物体によって絶対に妨げられる場合、反対の方向へ撥ね返り、他のいずれの方向へも赴かない」ということを、既証の事柄として受入れている。この点をよく理解するためには、「光線屈折学」第二章を読まれたい。

備　考

これまで我々は、相互の衝撃によって生ずる物体の変化を説明するのに、その二物体をあたかもすべての物体から切り離されているかの如くに考察して来た。即ち、これを取り巻く諸物体には何らの考慮を払わなかったのである。しかし今や我々はこれらの物体の状態と変化をば、これを取まく諸物体を考慮に入れながら考察するであろう。(四五)

定理三十二

もし物体Bが、運動する微小物体群《コルプスクラ》〔粒子群〕によって周囲をとりまかれかつそれからあらゆる方向へ等しい力で同時に押されるとすれば、他の何らの原因の加わらない限り、Bは不動のまま同じ場所に止まるであろう。(四六)

証明

この定理はそれ自体で明らかである。なぜというに、もしBが一つの方向から来る微小物体群《コルプスクラ》〔粒子群〕の衝撃によって或る方向へ運動させられるとすれば、このBを運動させる微小物体群は、Bを同じ時に反対の方向へ押してしかもその効果を挙げることができないでいるような他の微小物体群よりも、一層大なる力で押していることになるであろう(公理二十により)。(四七)しかしこれは仮定に反する。

定理三十三

物体Bは、上と同じ事情の下では、どんな小さな力が加わっても、あらゆる方向へ運動させられ得る。

証　明

Bに直接接触するすべての微小物体群は(仮定により)運動しており、そしてBは(前定理により)不動のままでいるのであるから、それらの物体群は、Bに接触するや否や、その全運動を保ちながら他の方向へ撥ね返るであろう(この部の定理二十八により)。従って、物体Bは、これに直接接触する物体群から絶えず自然に置き去りにされることになる。そこで、たとえBをどんなに大きなものと考えようとも、Bをこれに直接接触する物体群から分離するためには何の力も要らない(定義八に関して第四番目に注意した事柄により)。だからBに対して加えられ得る外的な力は、たとえどんなに小さいものと考えても、Bが同じ場所に止まっている力よりも常に大であろう(我々のすでに証明した通りBはそれに直接接触する物体群に執着し得る力を少しも有しないのであるから)。そしてまたこの外的力と、この外的力と同時にBを同じ方向へ押しやる微小物体群の衝撃とを加えたものは、同じBを反対の方向へ押しやる他の微小物体群の力よりも常に大であろう(外的な力の加わらない前者の力は後者の力と等しいと仮定されていたのだから)。故に物体Bは（公理二十により）この外的な力——それがどんなに小さいものと考えても——によってあらゆる方向へ運動させられるであろう。Q・E・D・

定理三十四

物体Bは、上と同じ事情の下では、外的な力によって押されるより速くは運動することができない。たとえこれをとりかこむ微小物体群がそれよりはるかに速く運動するものとしても。（四八）

証　明

外的な力と同時に物体Bを同じ方向へ押しやる微小物体群は、たとえ外的な力がBを動かし得るより遙かに速く運動するとしても、同じBを反対の方向へ押しやる微小物体群よりも大なる力を持っているわけでない（仮定により）。従ってそれらの物体群は、自己の方向の力のすべてを、ただ反対の物体群に抵抗するために費すだけであって、Bに対して（この部の定理三十二により）何らかの速さを伝えることはないであろう。だから、その他の事情或は原因が仮定されない限り、Bは外的な力以外の他の原因によって或る速さを得ることがないであろう。従ってBは（第一部公理八により）外的な力によって押されるより速くは運動することができないであろう。Q・E・D・

定理三十五

物体Bがこのようにして外的の衝撃によって運動させられる場合、Bはその運動の主要部分を、絶えず自分を取り巻いている物体群から受取るのであって、外的な力から受取るのではない。(四九)

証　明

物体Bは、たとえどんなに大きなものと考えられても、極めて小さい衝撃によっても動かされるであろう(この部の定理三十三により)。さて我々はBが、自分を押す外部の物体の四倍の大いさだと仮定しよう。そうすれば、両物体は(前定理により)等しい速さで運動せねばならぬから、Bの中にはこれを押す外部の物体の中にある四倍の運動があることになろう(この部の定理二十一により)。だからBは(第一部公理八により)その運動の主要部分を外的な力から得るわけはない。そしてこの力を除けば、Bをたえずとりまく物体群以外にいかなる他の原因も仮定されていないのだから(というのは、Bそのものは自分では運動しないと仮定されているから)、Bはその運動の主要部分を、自分をとりまく物体群からのみ得ており(第一部公理七により)、外的な力からは得ていない。Q・E・D・

注意　ここで我々は、以前のように、一つの方向から来る微小物体群の運動が反対の方向から来る微小物体群の運動への抵抗のために必要だということはできぬ。なぜなら、等しい運動(ここに仮定されているように)を以て互に向い合って運動する物体群は、方向の点では対立するが、*運動の点では対立しない(この部の定理十九の系により)。従ってそれらは相互の抵抗においてその方向を消費するだけであって、運動を消費することはない。それ故に物体Bは、これを取りまく物体群から何らの方向を、従ってまた(この部の定理二十七の系により)何らの速さ——速さが運動と区別される限り——を得ることができない。しかし運動は得ることができる。否、外来の力が加われば、物体Bは、我々がこの定理で示したように、必然的にそれらの物体群から動かされざるを得ない。そしてこのことは、我々が定理三十三で証明したと同じ仕方によっても明瞭にわかる。

＊ この部の定理二十四参照。我々はそこで、互に抵抗し合う二つの物体は、その方向を消費しはするが、運動は消費するものでないことを証明している。

定理三十六

もし或る物体例えば我々の手が、他の物体群に何ら抵抗することなくまた他の物体群もそれに抵抗することがないといった工合にあらゆる方向へ等しい運動を以て運動し得るとすれば、手がそのように運動する空間においては、必然的に、それだけの物体群が、あらゆる方向へ向って、相互に等しい速度の力、しかもまた手に等しい速度の力を以て運動しているであろう。(五〇)

証　明

およそ物体は物体群に満ちていないような空間を通って運動することができない（この部の定理三により）。そこで私はいうのである、我々の手がこのように運動し得る空間は物体群に満ちており、そしてその物体群は上述のような条件において運動しているであろう、と。というのは、もしこれを否定する者は、その物体群は静止しているか、それとも他の仕方で運動しているものと仮定せよ。もし静止しているなら、その物体群は必ず手の運動に抵抗し（この部の定理十四により）、手の運動がそれに伝わってついにそれが手と共に同じ方向へ等しい速さで運動するに至るまではそれをやめないであろう（この部の定理二十により）。しかるに仮定では、物体群は抵抗しないとされている。故にこの物体群は運動しているのである。これが第一の点であった。

次にこの物体群は、あらゆる方向に向って運動していねばならぬ。というのは、もしこれを否定する者は、この物体群が或る方向例えばAからBの方向へは運動していないものと仮定せよ。そこでもし手がAからBの方向へ運動するとすれば、手は必ずや運動する物体群に（この定理の第一の部分により）、しかも、今の仮定によれば、手が動くとは別な方向へ運動する物体群に出会うであろう。故にその物体群は手に抵抗し（この部の定理十四により）、それが手と共に同じ方向へ運動するに至るまでは抵抗をやめないであろう（この部の定理二十四及び定理二十七の備考により）。しかるにその物体群は（仮定により）手に抵抗しないものである。だからそれはあらゆる方向へ運動しているであろう。これが第二の点であった。

なおまた、この物体群は、互に等しい速度の力を以てあらゆる方向へ運動しているであろう。というのは、もしこれらが等しい速度の力で運動していないとするなら、AからBの方へ運動する物体群はAからCの方へ運動する物体群と同じ速度の力を以ては運動しないものと仮定せよ。そこで、手がもし、物体群がAからCの方へ運動すると同じ速さを以てAからBの方へ運動するとすれば(なぜなら手は何ら抵抗を受けることなしに等しい運動を以てすべての方向へ運動し得ると仮定されているから)、AからBの方へ運動する物体群は、手と等しい速度の力を以て運動するに至るまでは(この部の定理三十一により)、手に抵抗するであろう(この部の定理十四により)。しかるにこれは仮定に反する。故にこの物体群は、等しい速度の力を以てすべての方向へ運動しているであろう。これが第三の点であった。

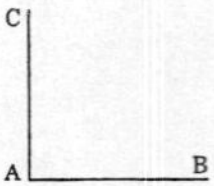

最後にもし物体群が、手と等しい速度の力で運動していないとすれば、手はこの物体群よりもより遅く即ちより小なる速度の力を以て運動しているか、それともより速く即ちより大なる速度の力を以て運動しているか、そのいずれかであろう。もし前の場合なら、手はこれを追って同じ方向へ赴く物体群に抵抗するであろう(この部の定理三十一により)。またもし後の場合なら、手に先立って同じ方向へ運動する物体群が手に抵抗するであろう(同定理により)。ところがこの両方のどちらも仮定に反する。そこで、手がこの物体群より遅くも速くも運動し得ないとすれば、

手はこの物体群と等しい速度の力を以て運動しているであろう。Q・E・D・

私がなぜ「等しい速度の力を以て」(aequali vi celeritatis) といって、単に「等しい速度を以て」(aequali celeritate) といわないのかと問う人があれば、その人はこの部の定理二十七の系の備考を読まれたい。次にまた手は、例えばAからBへ運動する場合、同時に等しい力を以てBからAの方向へ運動する物体群に抵抗しないのかどうかと問う人があるなら、その人はこの部の定理三十三を読まれたい。彼はこの定理からして、この物体群の力が、手と同時にAからBの方向へ運動する物体群の力と消し合うことを理解するであろう(後者の力は、この定理の第三の部分により前者の力と等しいのであるから)。

定理三十七

もし或る物体、例えばAが、どんな小さな力によってもあらゆる方向へ動かされ得るとすれば、その物体は必ず、〔あらゆる方向へ〕等しい速さで運動する物体群によって取りかこまれている。(五二)

証　明

この物体Aはあらゆる側において物体群に囲まれていなければならぬ(この部の定理六により)。しかもあらゆる方向へ等しい速さで運動する物体群によってとり囲まれていなければならぬ。なぜというに、もしその物体群が静止しているとすれば、物体Aはどんな小さな力によってもあらゆる方向へ（仮定されているように）動かされるということはできず、むしろAを動かす力は、少くともAに直接接触する物体群を自分と共に動かし得るほどの大きな力でなければならぬ（この部の公理二十により）。次にもしAをとりまく物体群が一つの方向へ向っては他の方向へ向ってよりも大なる力を以て運動するとすれば、例えばBからCへの方がCからBへよりも大なる力を以て運動するとすれば、Aは、あらゆる側において、運動する物体群からとりかこまれているのだから（すでに我々が証明したように）、必ずや、BからCへ運動する物体群は、Aを同じ方向へ自分と共に連れて

行くであろう（我々が定理三十三で証明したところにより）。従って、AをBの方へ運動させるのには、どんな小さな力でも十分なのでなく、むしろ丁度BからCの方へ来る物体群の運動の超過をつぐなうだけの大いさの力を要するであろう（公理二十により）。こんな次第で、この物体群は、等しい力を以てあらゆる方向へ運動していねばならぬ。Q・E・D・

備　考

以上の事柄は、流体（fluida）と呼ばれる物体について生ずることなのだから、これからして、流体とは、等しい力を以てあらゆる方向へ運動する多くの微小部分に分割されるところの物体であるということになる。そして、たとえこうした微小部分はどのように鋭敏な眼を以てしても認めることができないとしても、しかしそれでも我々は先に明瞭に証明したことを否定するわけには

ゆかないであろう。というのは、定理十及び十一で述べたことからして、いかなる思惟(感覚はいうまでもなく)によっても限定し得ず、把握し得ないような微妙な自然の機構が十分明らかになっているからである。次に、前に述べたことからして、物体は単に静止しているということだけによって他の物体に抵抗することが十分明らかだし、また感覚が示す限りの固さ(durities)というものの中には、そうした固い物体の部分は我々の手の運動に抵抗するということ以外の何ものも我々に知覚されないのであるから、固体(dura)とは、そのすべての微小部分が相互に密着して静止している物体のことであると我々は明白に結論するのである。「哲学原理」第二部五十四、五十五、五十六節を参照。

第二部終り

幾何学的方法で証明された
哲学原理

第三部

以上、自然的事物に関する最も普遍的な諸原理について解説したので、今やこれらの原理から帰結される事柄を説明することに移らねばならぬ。しかし、これらの原理から帰結される事柄はあまりに多いので、我々の精神は、そのすべてを思惟の対象とすることができないし、また我々は、それらの原理から、一つの事柄を他の事柄よりも先に考察するように決定されているわけでもない。だから我々は、何よりもまず、我々がここにその原因を探究しようとする主要な諸現象に関して、簡単な叙述(historia)をしなければならぬ(二)。ところがこの叙述は、「哲学原理」第三部の五節から十五節までに出ている。そしてその二十節から四十三節までには、種々の天体現象を理解する上にもまたその自然的原因を探究する上にも最も好都合とデカルトの判断した仮説が提示されている。

さらに、植物や人間の本性を理解するための最善の道は、それらのものがどのようにして次第に種子から産出され発生するかを考察するにあるから、ここでも、極めて単純な、そして極めて認識しやすい諸原理を考え出さねばならぬ。しかもそれらの原理は、それから、あたかも種子からのように、星、地球、その他およそこの見える世界の中に我々の出合ういっさい物の発生が導き出されるようなものでなければならぬ。そしてたとえそれらの現象が、そのようにして発生したのでないことを我々がよく知っているのであってもかまわない。今いったような仕方によれば、それらの現象の本性は、単にそれらの現状を描写するに止まる場合よりも遙かによく解明されるからである。(二)

私はいう、我々は単純な、そして認識しやすい諸原理を求める、と。そうした原理のみを我々は必要とするのである。なぜなら、我々が事物に種子を想定するのは、それによって、それらの事物の本性をより容易に知り、そして数学的方法によって、最も明瞭なものから未知なものへ、また最も簡単なものからより複雑なものへ進みゆくためにほかならないからである。

次に我々はいう、我々は星や地球やその他のものの発生を導き出し得るような原理を求める、と。なぜというに我々は、天文学者たちがしばしばやるように天体の現象を説明するだけに十分な原因を求めているのでなく、むしろ、我々を地球上における事物(我々が地球上で見るすべてのことは自然現象の中に数えらるべきであると考える)(三)の認識へも導いてくれるような原因を求めるのだからである。これを見出すには、よき仮説として、次のことを念頭に置かねばならぬ。

一、その仮説はそれ自身だけで考察される限り何らの矛盾を含んではならぬ。

二、それはできる限り単純なものでなければならぬ。

三、第二の条件の帰結として、それは最も認識しやすいものでなければならぬ。

四、それは全自然の中に観察されるすべての事柄を導き出し得るものでなければならぬ。

最後に、我々はいった、自然の現象をばあたかも原因から導き出すかのようにそれから導き出し得る仮説を立てることが我々に許される、そしてたとえそれらの現象がそのようにして成立したのでないことを我々がよく知っていてもかまわないのだ、と。(四) これを理解するのに私は次の例を用いよう。或る人が紙上に抛物線と呼ばれる曲線が描かれているのを見てその性質を探究しようとする場合、彼が、その曲線はまず或る円錐体を切断してそれからそれを紙上に押しつけたのだと仮定しても、或は二つの直線の運動によって描かれたのだと仮定しても、或はその他の何らかの仕方で成立したのだと仮定しても、それは同じことである。ただ彼が、その仮定した成立様式から抛物線の持つすべての特質を証明し得ればそれでいいのである。否、たとえ彼が、その曲線は円錐体の切断面を紙上に押しつけて生じたものであることを知っているとしても、彼は抛物線の持つすべての特質を説明するのに最も好都合だと思える他の原因を任意に考え出すことができるであろう。これと同様に、我々もまた、自然の諸形態を説明するのに、任意の仮説を立てることが許されるのであって、ただその際我々は、この仮説から、すべての自然現象を数学的推理によって導き出し得ればそれでよいのである。そして——これはもっと注意に価することであるが——たとえ我々がどんな仮説を立てようとも、我々が先に説明した自然の諸法則に従ってゆくことによって、その仮説から、結局同じ結果が導き出され得るのである(この導出は時にかなり骨のおれるものであるにしても)。というのは、物質は自然の法則の助けによってその取り得るあらゆる形相を次々と取るのであるから、もし我々がこれらの形相を順を追うて考察してゆくなら、我々は最後に、現在の世界の形相であるところの形相に到達することができるであろう。従って我々は、誤った仮説のために誤謬に陥ることを恐れる必要はないのである。（五）

要請

人々に次のことを容認してもらいたい。この見える世界を構成しているすべての物質は、最初神によって、できるだけ相等しい微小部分《パルティクラ》〔粒子〕に分割された。しかしこの微小部分は球状ではなかった。なぜなら、同時に結合された多数の小球は、空間を間隙なく満たすことができないからである。（六）むしろこれらの部分は別な形をなし、平均的な大いさ、換言すれば今日天や星を構成しているすべての部分を平均しただけの大いさを持っていた。またこれらの部分は、現在世界の中に見出されると同量の運動を有していた。そして互に等しい運動をしていた。即ち一方、これらの部分の各々は、それぞれ自己の中心のまわりを運動し、相互に分離する性質を持ち、このようにして流体——我々は天をそうしたものと考える——を構成していた。他方、これらの部分の多数は集って、現在の諸恒星の中心と同じへだたり方で分布せる他の若干の点のまわりを運動し、さらにまた遊星の数に等しい他のいくつかの点のまわりを運動していた。このようにしてこれらの部分は今日世界にある星の数だけのいろいろ異なった渦〔渦動〕を構成していた。「哲学原理」第三部四十七節の図形参照。（七）

この仮説は、それだけで見れば何らの矛盾を含まない。なぜなら、この仮説は物質に対し分割可能性と運動と以外の何ものをも帰していないからである。こうした状態(modificatio)が物質の中に実在的に存在することは、我々のすでに上に証明したところである。そして物質は無限定的であり、また天の物質も地の物質も同一であることを我々は示したのであるから、これらの状態が全物質の中にあったということを、我々は何ら矛盾の心配なしに仮定することができるのである。

次にこの仮説は、極めて単純である。なぜなら、この仮説は、最初物質が分割された微小部分の中にも、またそうした部分の運動の中にも、何らの不等性や差別性を仮定していないからである。これからして、この仮説はまた極めて認識しやすいということになる。このことはまた、この仮説がただ物質の概念だけから誰にもひとりでにわかること——即ち分割可能性と場所的運動——以外の何ものをも物質に関して仮定していないことからも明白である。

ところで、自然の中に観察されるすべてのことがこの仮説から導き出され得ることを、我々は、できるだけ事実に則して示すことにするであろう。しかもこれは次の順序による。即ち、まず我々はこの仮説から、天が流体であることを導き出し、そしてこのことがいかにして光の原因であるかを説明するであろう。次に太陽の本性に移り、同時に、恒星の中に観察される事柄に及ぶであろう。それから我々は彗星について、また最後に、遊星並びに遊星の諸現象について語るであろう。

定義

一、黄道(Ecliptica)とは、渦が回転の軸のまわりをまわる際に最大なる円を描くところの渦の部分であると解する。

二、極(Polus)とは、黄道から最も遠く離れたところの、或は最も小なる円を描くところの渦の部分であると解する。

三、運動への傾向(八)とは、何らかの思惟のことでなくて、むしろ単に、物質部分が運動へ傾く位置にあり、もし何らかの原因によって妨げられなかったなら実際或る方向へ赴いているであろう、ということを意味するに過ぎない。

四、角(Angulus)とは、或る物体において球状をはみ出して突出するすべてのものと解する。

公理

一、同時に結合された多数の小球は空間を間隙なく満たすことができない。

二、一定量の物質が角状の部分に分割されている時、もしその部分がそれぞれ自己の中心のまわりを運動するとすれば、その物質は、その部分が皆静止していて全面が互に直接接触する場合よりも、一層大なる空間を要する。

三、物質部分は、小なれば小なるだけ、同じ力によって一層容易に分割される。

四、同じ方向へ運動しそしてその運動において互に遠ざかることのないような物質部分は、現実に分割されていない。

定理一

物質が最初に分割された時、それらの分割部分は円状でなく角状であった。(九)

証　明

全物質は、最初、等しいしかも類似した部分に分割された(要請により)。故にこれらの部分は(公理一及び第二部定理二により)円状ではなかった。従って(定義四により)角状であった。Q・E・D・

定理二

物質の微小部分をして自己の中心のまわりを運動するようにさせた力は、同時にまた、それらの部分の角を相互の衝突によって磨滅するようにさせた。

証　明

全物質は最初は等しい(要請により)、そして角状の(この部の定理一により)部分に分割された。

そこで、もしそれらの部分が、自己の中心の周りを運動し始めると同時にその角が磨滅されなかったとすれば、全物質は必ずや(公理二により)それが静止していた時よりも大なる空間を占めなければならなかったであろう。しかしこれは不条理である(第二部定理四により)。故にそれらの部分の角は、それが運動し始めると同時に磨滅された。Q・E・D・

(以下を欠く)

附録

形而上学的思想(二)

この中では、形而上学の一般部門並びに特殊部門に於て有とその情態、神とその属性及び人間精神に関して出て来る比較的困難な諸問題が簡単に説明される

著者　アムステルダムのベネディクトゥス・デ・スピノザ

附　録

形而上学的思想

第　一　部

この部では、形而上学の一般部門において有とその情態に関して普通出て来る重要な諸問題が簡単に説明される。(三)

〈この部の目的乃至目標は——普通一般の論理学や哲学は記憶を練磨してこれを強化するのには役立つ。そして我々はこれにより秩序も連絡もなく感官を通して雑然と現われる事物、つまり我々が感官を通してのみ刺戟される事物をよく我々の記憶に保たせることはできる。しかしそれは、知性を練磨するのには役立たない——ということを明らかにするにある。〉

第　一　章

実在的有、虚構的有及び理性の有について

私はこの学問の定義やこの学問が取扱う対象については何も語らない。ただ、形而上学の著者たちによってしばしば論ぜられながらまだ比較的不明になっていることだけを説明しようと思う。

有の定義。

まず有(ens)から始める。有とは、それが明瞭判然と知覚される場合、必然的に存在し或は少くとも存在し得ることを我々が見出すところのすべてのもののことと解する。

幻想、虚構的有及び理性の有は有ではない。

さてこの定義《デフィニチオ》——或は記述《デスクリプチオ》と言ってもよい——の帰結として、幻想(Chimaera)、虚構的有(ens fictum)及び理性の有(ens rationis)は決して有には数えられないことになる。なぜというに、まず幻想《キマイラ》*は、その本性上存在することができない。(三) 次に虚構的有は、明瞭判然たる知覚と相容れない。(四) 虚構の場合、人間は単に純粋な自由から——即ち誤謬の場合のように知らずにではなく知りながら故意に——自分が結合したいものを結合し、分離したいものを分離するからである。最後に理性の有は、認識された事物をより容易に記憶に保存し、想像し、説明するのに役立つ思惟の様態にほかならない。ここで注意すべきは、一般に思惟の様態とは、すでに第一部定理十五の備考で説明したところのもの、即ち思惟の一切の情態、つまり知性、喜び、想像等々のことであると我々は解することである。

* 注意　幻想《キマイラ》という言葉は、ここでもまた以下でも、その本性が明白な矛盾を含むもののことと解する。これについては第三章でもっと詳しく説明される。

どんな思惟様態で我々は事物を記憶に保存するか。

ところで、事物をより確実にまたより容易に記憶に保存してこれを自分の欲する時精神に呼び戻す(或は精神に現前させる)のに役立つ一定の思惟様態のあることは、あの周知の記憶法を利用する人々には十分明らかなところである。即ちこの方法は、新しい事柄を保存して記憶に刻みつけるのに、それと名義上か或は実質上一致する他の熟知された事項の助けを借りるのである。このような仕方で哲学者たちは、すべての自然物を類とか種とか呼ぶ一定の部類に還元し、そして彼らが何か新しいものに出合う場合は、それらの助けを借りるのである。

どんな思惟様態で我々は事物を説明するか。

次に我々は、事物を説明するための思惟様態をも持つ。これは事物を他の事物と比較して規定するものである。我々がこの目的に用いる思惟の様態は時間、数、尺度——他にもまだいくつかあるであろう——と呼ばれる。(五) これらのうち、時間は持続を説明するのに役立ち、数は非連続的量を説明するのに、また尺度は連続的量を説明するのに役立つ。

どんな思惟様態で我々は事物を想像するか。

最後に我々は認識するすべてのものについて我々の想像の中に何らかの形象を描く習慣を持っているから、我々は非有をも、それがあたかも有であるかの如く積極的に想像することになる。というのは、精神はそれ自体で見れば思惟するものであって、肯定に対しても否定に対しても同等の能力を有する。ところが想像するということは、対象の刺戟で感官の中に起る動物精気(六)の運動によって脳髄に生じた痕跡を感覚することにほかならないから、そうした感覚はただ混乱した肯定でしかあり得ない。この結果、精神が否定のために使用するすべての様態、例えば盲目、極端乃至終局、限界、暗黒等をも我々はあたかも有であるかの如く想像するようになるのである。

理性の有は事物の観念ではないのになぜ事物の観念と見なされるのか。

これから明白なのは、これらの思惟様態は事物の観念でないこと、決して観念とは考えられ得ないことである。従ってまたこれらの思惟様態は必然的に存在し或は存在し得る何らの対象を有しない。ところで、これらの思惟の様態が事物の観念と見なされる原因は、それらが実在的有の観念から直接に発生し起因しているので、不注意な者は極めて容易にこれを観念と混同するからである。この結果また彼らは、これに対し、あたかも我々の精神の外に存在する有を表示するかのような名称を与え、こうした有を、否むしろ非有を、理性の有と呼んだのである。

有を実在的有と理性の有とに分類するのは正しくない。

そしてこれから容易にわかるのは、有を実在的有と理性の有とに分つあの分類がどんなに誤っているかということである[七]。なぜなら、そうした分類は有を有と非有とに分ち、或は有と思惟様態とに分つものだからである。しかし私は言葉や文法に捉われている哲学者たちがこれと類似した種々の誤謬に陥っているのを不思議には思わない。彼らは事物を名称から判断するが、名称を事物から判断しはしないからである。

理性の有はどんな点で純粋の無といわれまたどんな点で実在的有といわれ得るか。

なおまた理性の有が純粋の無ではないと主張する人々の言もこれにおとらず誤っている。なぜというに、この名称によって表示される事柄を知性の外に求めるなら、それは純粋の無であることを我々は発見するであろう。しかしこれをただ思惟様態として解する限り、それは真の実在的有なのである。というのは、私が種(species)とは何かと問う場合、私は単にこの思惟様態の本性を問うているにほかならず、そしてこの思惟様態は実際の有であって他の思惟様態と区別されるからである。しかしこうした思惟様態は観念と呼ばれることができないし、真とか偽とか言われることもできない。それはあたかも愛が真とも偽とも呼ばれることができず、ただ善とか悪とか呼ばれ得るのみであるのと同様である。このようにしてプラトンが人間は羽毛のない二足動物であるといった時、彼は人間を理性的動物だと言った人々よりも多く誤っていたわけではない。なぜならプラトンも人間が理性的動物であることを他の人々と同様知っていたからである。ただ彼は彼のやり方に従って、人間を一定の部類に還元し、後で彼が人間について思惟しようとする際、容易に想起し得るその部類の助けを借りることによって直ちに人間の表象に入ってゆこうとしたまでなのである。むしろアリストテレスこそ、もし自分のその定義によって人間の本質を妥当に説明したと考えでもするなら、重大な誤りを犯しているのである。尤もプラトンの説明がうまいかどうかということについてなら問題とすることができる。しかしここはそれを取扱う場所でない。

事物の探究に当っては実在的有と理性の有とを混同してはならぬ。

上に述べたすべてから、実在的有と理性の有の対象との間には何ら一致点のないことが明らかになる。これからまた事物の探究に当っては、実在的有を理性の有と混同しないようにどんなに細心に注意せねばならぬかが容易にわかる。(八) 事物の本性を探究することと事物が我々に知覚される様態を探究することとは別問題だからである。もしこれを混同すれば、我々は、この知覚の様態をも、また事物の本性そのものをも理解し得ないであろう。否、更に——これは最も肝要なことだが——我々はこれがため、従来多くの人々に見られたように諸〻の大きな誤謬に陥ることになるであろう。

理性の有と虚構的有はどのように区別されるか。　なおまた注意すべきは、多くの人々が理性の有を虚構的有と混同していることである。即ち彼らは、虚構的有もまた理性の有だと考えるのである。虚構的有が精神の外では何ら存在を有しないという理由で。しかし先に挙げた理性の有及び虚構的有の定義によく注意するなら、その原因に関しても、またその原因を離れてその本性に関しても、両者の間に大きな相違が認められるであろう。というのは、虚構的有はすでにいったように、何ら理性の指導によらぬ単なる意志にもとづく二つの言葉の結合にほかならず、従って虚構的有はたまたま真であることもあり得る。これに反し理性の有が、単なる意志に依存するものでなくまた言葉相互の結合から成るものでないことは、その定義から十分明白なところである。それでももし誰かが虚構的有は実在的有なのかそれとも理性の有なのかと問うならば、我々のすでに述べたところのことを繰り返して答えれば足るであろう。即ち、有を実在的有と理性の有とに分類するのが正しくないのである。従って、虚構的有が実在的有なのかそれとも理性の有なのかという質問は誤った基礎の上に立っているのである。なぜなら、そこではすべての有は実在的有と理性の有とに分類されるということが予想されているのだから。

有の分類。　少し脇道にそれたようだから本題にもどろう。すでに挙げた有の定義——或は記述といってもよい——から容易にわかるのは、有はその本性上必然的に存在する有、即ちその本質が存在を含む有と、その本質が可能的存在のみを含む有とに分類されることである。この後者は実体と様態とに分類される。実体と様態の定義は「哲学原理」第一部五十一、五十二及び五十六節で与えられている。だからこの定義をここに繰り返す必要はない。しかしただこの分類に関して注意しておきたいのは、有は実体(Substantia)と様態(Modus)に分類されるが実体と偶有性(Accidens)には分類されない——私はこのことをはっきりいっておく——ということである。(九) なぜなら偶有性は、単に関係を表示するだけのものであって、思惟様態以外の何ものでもないから。例えば三角形が運動すると私がいう場合、この運動は、三角形の様態ではなくて運動する物体の様態である。従ってこの運動は三角形に関しては偶有性と呼ばれる。しかし物体に関しては実在的有乃至様態なのである。運動は物体なしには考えられないが三角形なしにも考えられるからである。

さらに、すでに述べたこと並びにこれから述べることを一層よく理解するために、我々は、本質の有、存在の有、観念の有、そして最後に可能の有をどのように解すべきかの説明を試みるであろう。こうした試みへ我々を駆るもう一つの動機は、無智な若干の人々が本質と存在の間に何らの区別を認めていないから——或は、たとえそれを認めるにしても、本質の有を観念の有乃至可能の有と混同しているからである。それで、これらの人々を納得させ、かつ事態を明らかにするため我々は以下において、この問題をできるだけ明確に説明するであろう。

第二章

本質の有とは何か。存在の有とは何か。観念の有とは何か。可能の有とは何か。(一〇)

この四つの有が何を意味するかを明瞭に理解するためには、創造されない実体、即ち神について我々がすでに述べたことを思いうかべるだけで十分である。それは次の如きものであった。

被造物は優越的に神のうちにある。

一、神は被造物のうちに形相的にあるものを優越的に含んでいる。換言すれば神はすべての被造物を優越的に含むような属性を有している。第一部公理八及び定理十二の系一参照。例えば我々は、延長を存在と切り離して明瞭に理解する。そしてこのように、延長はそれ自身で何らの存在する力を持たないのであるからには、それは、我々の証明したように、神によって創造されたのである(第一部最後の定理)。ところで、原因のうちには少くとも結果のうちにあると同量の完全性がなければならぬのであるから、これからして、延長の持つすべての完全性が神のうちに含まれていることになる。しかし我々がその後で見たところでは、延長する物はその本性上可分的であるから、換言すれば不完全性を含むのであるから、我々は神に延長を帰することはできなかった(第一部定理十六)。そこで我々は、物質の持つすべての完全性を優越的に含み(第一部定理九備考)、かつ物質の地位を補充し得る(vices materiae supplere potest)ような或る属性が神のうちに含まれていることを承認せざるを得なかった(二二)。

二、神は自己自身並びに他のいっさいのものを認識する。換言すれば、神はいっさいを想念的に(objective)自らのうちに有する(第一部定理九)。

三、神はいっさいの事物の原因である。そして神は意志の絶対的自由によって行動する。

本質の有、存在の有、観念の有及び可能の有とは何か。

以上からして、これら四つの有が何を意味するかが明瞭になる。まず始めに本質の有(esse essentiae)とは、被造物が神の属性のうちに包括される様態にほかならない。次に観念の有(esse ideae)とは、いっさいが神の観念のうちに想念的に含まれている限りにおいていわれる。更に可能の有(esse potentiae)とは、まだ存在しないいっさいを意志の絶対的自由にもとづいて創造し得た神の能力に関してのみいわれる。最後に存在の有(esse existentiae)とは、神を離れてそれ自らで見られた事物の本質そのものである。これは事物が神から創造された後で事物に賦与される。

これら四つの有は被造物においてのみ相互に区別される。

これから明瞭にわかるのは、これら四つの有は被造物においてのみ互に区別され、神においては決して区別されないということである。なぜなら、我々は神を他のうちに可能的に存在したと考えることはできないし、また神の存在並びに神の知性は神の本質と区別されないからである。

本質に関する若干の問題への答。

以上から、しばしば本質に関して提出される諸問題へ容易に答えることができる。その問題というのは次のようなものである。即ち本質は存在と区別されるかどうか、もし区別されるとすればそれは観念と異なる或るものであるかどうか、またもし観念と異なる或るものであるとすればそれは知性の外に何らかの有を持つかどうかというたぐいのものである。この最後の問題はどうしても肯定されなくてはならぬ。ところで、第一の問題に関しては、我々は二つの場合を区別して答える。即ち、神においては本質は存在と区別されない。神の本質は存在なしには考えられ得ないからである。これに反しその他の事物においては本質は存在と異なる。ここでは本質は存在なしにも考え得るからであると。第二の問題に対して我々はいう。知性の外に明瞭判然と——即ち真実に——知覚される事物は観念と異なる或るものである、と。しかし更に質問がなされる。知性の外にあるこうした有は自己自身によって存在するのか、それとも神によって創造されたのか、と。これに対して我々は答える。形相的本質は自己によって存在するものでなく、また創造されるものでもない。なぜなら、この両方とも事物の現実的存在を前提としているからである。むしろそれはいっさいを包含する神の本質のみに依存する。この意味で我々は、事物の本質は永遠であると主張する人々に賛成する、と。さらにこう質問され得るであろう。神の本性がまだ認識されない前にどうして我々は事物の本質を認識するか、と。こうした質問が出るのは、先にいったように、すべての事物は神の本性のみに依存するからである。これに対して私はいう。それは事物がすでに創造されているということにもとづく。もし事物がまだ創造されていなかったとしたら、その認識は神の本性の妥当な認識の後でなくては不可能であることを私も全く容認するであろう。これは丁度抛物線の本性をまだ知らないうちに、その縦座標の本性を知ることが不可能であると同様に不可能であり、否それより更に一層不可能である、と。

なぜ著者は本質の定義に際して神の属性にまで遡っているか。

なお注意しておきたいことがある。それは、まだ存在しない諸様態の本質はその実体のうちに包括されていて、そうした様態の本質の有はその実体のうちにあるのであるけれども、我々は〔本質の定義に際し〕神にまで遡ろうとしたということである。我々がそうしたのは、一般に様態と実体を通じての本質を説明するためであり、さらにまた様態の本質は、その実体が創造される以前にはその実体のうちになく、そして我々の求めるものは永遠なる本質の有なのだからである。

なぜ著者は他の人々の定義を検討しなかったか。

私はここで我々と意見を異にする著作家たちを反駁したり、本質や存在に関する彼らの定義乃至記述を検討したりすることを必要だとは思わない。そんなことをすれば、本来明瞭な事柄をかえって曖昧にすることになるであろう。というのは、本質と存在が何であるかを理解することほど明瞭なことはない。事実我々は、或る物の本質を明らかにすることなしにはその物の定義を与えることができないのである。

本質と存在との区別はどのようにして容易に知られるか。

最後にもし、被造物においては本質が存在と異なることをなお疑う哲学者があるとしても、彼はその疑念を取りのぞくために本質や存在の定義について多く心を労する必要がない。彼はただ彫刻家なり木彫師なりのところへ行けばよいのである。彼らは彼に対し、まだ存在しない影像をどのようにして一定の秩序で考案するかを示し、しかる後、存在する影像を彼に見せてくれるであろう。

第三章

必然的、不可能的、可能的及び偶然的とは何かについて（一二）

ここで情態ということをどう解すべきか。

我々は以上をもって有それ自体の本性を説明したから、今は有のいくつかの情態の説明に移る。この際注意したいのは、私がここで情態(affectiones)といっているのは、デカルトが「哲学原理」第一部五十二節で別に属性(attributa)と称したところのもののことだということである。思うに、有は有である限りそれ自身では、つまり実体としては、我々を刺戟する(afficit)ことがない。そこで有は或る属性を通して、しかも有そのものとただ理性的見地からのみ区別される属性を通して説明されねばならぬ。だからして私は、真理からひどく離れたやり方で有と無の間に中間者を求めた人々（一三）のあまりにもうがちすぎた考え方に驚かざるを得ない。しかし私は、彼らの誤謬を反駁することに立ち留りはしないであろう。彼ら自身、そうした諸情態の定義を与えようとする企てにおいて、自らの空しい繊細さの中に全く己れ自身を失っているのであるから。

情態の定義。

そこで我々は、我々自身の見解のみを述べるであろう。我々によれば、有の情態とは、各〻の有の本質乃至存在を我々に認識させるところの若干の属性、しかもその有の本質乃至存在とは理性的見地においてのみ区別されるところの属性である。私はこれらの情態のうちのいくつかをここに説明し（というのは私は敢えてそのすべてを取扱おうとするのではないから）、そしてこれをどんな有の情態でもないところの諸〻の名称と区別することに力めるであろう。まず始めに私は必然的及び不可能的とは何かについて論ずることにする。

幾通りの仕方で事物は必然的及び不可能的と言われ得るか。

事物は二通りの仕方で必然的及び不可能的といわれる。即ちその本質に関してか、それともその原因に関してかである。本質に関するものについていえば、神が必然的に存在することを我々は知っている。神の本質は、存在なしには考えられないからである。これに反し、幻想《キマイラ》は、その本質の含む矛盾の故に、存在することができない。次に事物例えば物質的事物は原因に関して不可能的或は必然的といわれる。というのは、我々が単にそれらのものの本質を念頭に置く限り、我々はそうした本質を存在なしにも明瞭判然と考え得る。だからそれらのものは決して本質の力乃至必然性によって存在し得るものでなく、ただその原因の力、即ち万物の創造者たる神の力によってのみ存在し得るのである。従って、もし或る事物の存在することが神の決裁のうちにあるとすれば、その事物は必然的に存在するであろう。また神の決裁のうちにないとすれば、その存在は不可能であろう。というのは、存在するための内的原因も外的原因も持たないものが存在することの不可能なのは自明である。ところが、今の第二の仮定では、事物がその本質の力——私はこれを内的原因と解する——によってもまた万物の唯一の外的原因たる神の決裁の力によっても存在し得ないものとされている。従ってそうした事物は存在することが不可能なことになる。

幻想は言葉上の有と呼ばるべきである。

ここで第一に注意すべきは、幻想《キマイラ》は知性のうちにも想像力のうちにも存しないのであるから、我々はこれを言葉上の有と呼んで然るべきだということである。幻想は言葉でしか表現されることができないからである。例えば我々は言葉では四角な円を云々することができるが決してそれを想像することはできず、まして認識することはできない。だから幻想は言葉以外の何ものでもない。このようなわけで、不可能性は有の情態に数えることができない。不可能性は純粋の否定にすぎないのであるから。

被造物は本質に関しても存在に関しても神に依存する。

第二に注意すべきは、単に被造物の存在だけでなく、さらにまた——後の第二部で明瞭に証明するだろうように——その本質乃至本性も、専ら神の決裁に依存するということである。これから明らかにわかるのは、被造物は自分自身何らの必然性を持たぬということである。被造物は自分自身からは何らの本質も何らの存在も有しないのであるから。

原因によって被造物のうちにある必然性は本質に関するかそれとも存在に関するかである。しかしこの両者は神にあっては区別されない。

最後に第三に注意すべきは、原因によって被造物のうちにあるこの種の必然性は、被造物の本質に関するか、それともその存在に関するかであるということである。被造物にあってはこの両者が区別される。前者は自然の永遠なる法則に依存するが、後者は諸原因の系列と秩序に依存する。しかし、本質が存在と区別されない神にあっては、その本質の必然性もまたその存在の必然性と区別されない。この結果として我々は、もし自然の全秩序を把握するとしたら、その本性を我々が明瞭判然と知覚する事物即ちその本質が必然的にかくかくであるところの事物で決して存在し得ないものが沢山あることを見出すであろう。そうした事物が自然の中に存在することの不可能なのは、あたかも大きな象が針の穴をくぐることが不可能である——この両者の本性は明瞭に知覚されるけれども——ということを現に我々が知っていると同様である。だからそうした事物の存在は幻想にすぎず、我々はこれを想像することも認識することもできないのである。

可能的及び偶然的ということは事物の情態ではない。

必然性及び不可能性についてはこれだけにする。我々はこれに可能的及び偶然的ということに関して若干附加したいと思う。この両者を或る人々は事物の情態と見なしている。しかし、実際にはこの両者は我々の知性の欠陥以外の何ものでもない（一四）。我々は、この両者をいかに解すべきかを説明した上で、このことを明瞭に示すであろう。

可能的とは何、偶然的とは何か。

我々が或る事物の起成原因を認識はするがその原因が果たして決定的なものであるかどうかは知らない場合に、その事物は可能的と呼ばれる。それ故、我々はこうした事物を可能的と見ることができるだけで、必然的とも不可能的とも見ることができぬ。一方もし我々が単に或る事物の本性だけを考え、その原因は考えない場合、我々はこの事物を偶然的と呼ぶであろう。(一五) 換言すれば、我々はこれを、いわば神と幻想《キマイラ》の中間物と見なすであろう。我々は、本質の面からいえば、そのものの中に、神の本質におけるような存在の必然性を見出すことがないし、また幻想《キマイラ》におけるような矛盾乃至不可能性を見出すこともないからである。ところでもし人が、私の可能的と呼ぶものを偶然的と呼び、反対に私の偶然的と呼ぶものを可能的と呼びたいなら、私は別に反対はしないであろう。名称について争うことを私は好まないからである。ただその人が、この二つのものは我々の認識の欠陥にほかならず、何らの実在的な物でないということを承認してくれさえするなら、それで十分である。

可能的とか偶然的とかいうことは単に我々の知性の欠陥にすぎない。

もし誰かがこれを否定しようとしても、その人の誤謬は容易に明らかになる。というのは、彼が自然に注意し、どんな仕方で自然が神に依存するかを考えるなら、彼は事物のうちに何ら偶然的なものを見出さないであろう。換言すれば、事実上存在することもでき、存在しないこともできるようなもの、或はいわゆる真に偶然なもの(contingens reale)を発見し得ないであろう。このことは第一部公理十から容易に知られる。即ち我々はその個所で、物を創造するにもこれを維持するにも同等の力が要ることを説いたのであった。従って、どんな被造物も自己自身の力で何事かをなすのでなくまたどんな被造物も自己自身の力で存在し始めるのでなく、この帰結として、いっさいを創造する原因の力即ち神の力によらずには何物も生じないということになる。そして神はその協力によって各〻の瞬間にいっさいをひきつづき創り出すのである。さて何ものも神の能力のみによって生ずるのである以上、生ずるいっさい物は神の決裁と神の意志によって生ずることが容易に判明する。ところが神のうちには何らの不安定性も変化性もないのであるから(第一部定理十八及び定理二十の系により)、神は、現に生じているものを、それが生ずるように永遠この方決裁していたのでなければならぬ。そしていかなるものにとっても、それが生ずるように神が決裁したということ以上に必然的な存在理由はないのであるから、これからして、すべての被造物における存在の必然性は永遠からあったということになる。なおまた我々は、神が別なことをも決裁し得たはずだという理由で、それらの被造物を偶然的であるということはできない。なぜなら、永遠のうちには何時 (quando) とか以前 (ante) とか以後 (post) とかがなくまたどんな時間的規定 (affectio temporis) もないのであるから、この帰結として、神はその決裁以前にも存在していて別なことを決裁し得たというようなことはあり得ぬわけである。*

* (この証明をよく理解するためには、我々がこの附録の第二部において神の意志に関して説いたことに注意せねばならぬ。それは、神の意志或は神の不変の決裁は、我々が事物を明瞭判然と把握する時に始めて理解されるということである。なぜなら、事物の本質は、それ自体で見れば、神の決裁或は神の決定された意志にほかならぬからである。しかし我々はまた、存在の必然性は本質の必然性と異ならないという(第二部九章)。即ち、三角形が存在す

るように神が決裁したと我々がいう時、それは神が自然及び諸原因の秩序を予定してかくかくの時期に三角形が必然的に存在するようにしておいたという意味にほかならないのであり、従って、我々が諸原因の秩序を神が定めた通りに認識する限り、我々はあの必然性を以て、即ち我々が三角形の本性に注意する時その三角の和が二直角に等しいことを発見すると同じ必然性を以て、三角形がかくかくの時期に存在せねばならぬことを発見するであろう。〉

我々の意志の自由と神の予定との調和は人間の把握力を超越する。

ところで人間の意志の自由——我々は第一部定理十五の備考で人間の意志は自由だといった——に関していえば、人間の意志もまた神の協力によって維持されるのである。そして、人間が或る事を意志し、或は行動するのは、人間がそう意志し或は行動するように神が永遠この方決裁したものなのである。しかし、人間の自由を維持したままでそうしたことがいかにして生じ得るかは我々の把握力を超越する。だがそれだからとて、我々の明瞭に知覚する事柄を、我々の知らない事柄のために否定すべきではないであろう。というのは、我々の本性に注意する限り、我々は自分の行動において自由であることや、単に我々が意志するというだけの理由で多くの事柄を決定し得ることを我々は明瞭判然と理解する。一方、神の本性に注意する限り、すでに示したように、いっさいは神に依存すること、神から永遠この方存在するように決裁されたことでなくては何事も存在しないことを我々は明瞭判然と知覚する。しかしどのようにして人間の意志が、神によって、各〻の瞬間に、自由であるような仕方で創り出されるのか、我々は知らぬ。だが事実、我々の把握力を超越していることでそれでいて神によってなされたのであることを我々が知っているたくさんのことがある。例えば、物質は無限定的に多くの小部分に実在的に分割されることを我々は第二部定理十一で十分明らかに証明したが、それでも我々はどのようにしてこの分割が行われるかは知らないのである。こんなわけで我々はここに、可能的及び偶然的という二概念が単に事物の存在に関する我々の認識の欠陥を表示するに過ぎないということを確かな事柄と見なすのである。

第四章

持続と時間について

我々は先に有を、その本質が存在を含む有と、その本質が可能的存在しか含まない有とに分類したが、ここから永遠と持続との区別が生ずる。永遠については後でくわしく語るであろう。

永遠とは何か、持続とは何か。

ここではただ、永遠(aeternitas)とは神の無限なる存在を我々に認識させるところの属性であるというに止める。これに反して持続(duratio)とは被造物の存在——被造物がその現実に固執する限りにおいての——を我々に認識させるところの属性である。（一六）これから明瞭にわかるのは、或る事物の持続とその事物の全存在とは理性的見地からしか区別されないということである。なぜなら、或る事物から持続が取り去られればその存在も取り去られざるを得ないからである。(一七)ところで、持続を決定するために我々は、その持続を、一定の確実な運動を有する他の事物の持続と比較する。この比較が時間(tempus)と呼ばれる。(一八)

時間とは何か。　だから時間は事物の情態ではなくて、ただ単なる思惟の様態にすぎない。或は、すでに述べたように、理性の有にすぎない。即ち時間は持続を説明するのに役立つ思惟の様態なのである。なおここに注意せねばならぬのは——これは後で永遠について語る時役立つことだが——持続はより大きくもより小さくも考えられ、またあたかも部分から成るかの如く考えられること(一九)、次に持続はただ存在のみの属性であって本質の属性でないということである。

第五章

対立、順序等について

事物を相互に比較することによって若干の概念が生ずる。こうした概念はしかし事物自身を離れて見る限り思惟の様態にほかならない。このことは、我々がそうしたものを思惟の外に存在する事物と見ようとすれば、それらのものについて別に持っている明瞭な概念を直ちに混乱したものにしてしまうということから明らかである。ところでそうした概念に属するものに対立(oppositio)、順序(ordo)、一致(convenientia)、差異(diversitas)、主辞(subjectum)、賓辞(adjunctum)、その他これと類似の諸概念がある。(二〇)

対立、順序、一致、差異、主辞、賓辞等とは何か。

あえていう。これらの概念は、もし我々がこれを、対立した事物、順序づけられた事物等々の本質と異なる或るものと考えずに、単に事物自身をより容易に把住(記憶に保存)し乃至想像するための思惟の様態と考える限り、十分明瞭に把握され得るのである。だからこれらの概念についてこれ以上くわしく語ることは必要でないと思われる。そこで私はいわゆる超絶的名辞(termini transcendentales)に移ることにする。(二一)

第六章

一と真と善について

これらの名辞はほとんどすべての形而上学者から有の最も一般的な情態とされている。彼らはいう、すべての有は、たとえ何びとがそれについて考えなくとも一であり、真であり、善である、と。しかし我々がそれらの名辞の各ゝを個別的に検討するなら、それらをどう解せねばならぬかが判明するであろう。

単一性とは何か。

そこで最初のもの即ち一(unum)から始める。人々はこの名辞が知性の外にある或る実在物を表示するものだといっている。しかし彼らは、それが一体有に何を加えるかを説明することができない。このことは彼らが理性の有を実在的有と混同していることを十分物語る。そしてこのため彼らは、彼らの明瞭に理解するところのものをかえって混乱させる結果になっている。これに反し、我々の考えでは、単一性(unitas)は事物自身と決して区別されない。或は有に何ものをも加えない。むしろそれは、我々が或る事物を、それと類似し或はそれと何らかの点で一致する他の事物から分離するための思惟の様態にすぎない。

数多性とは何か、そして神はどんな点で一といわれ、また、どんな点で唯一といわれ得るか。

ところで単一性に対立するものが数多性(multitudo)である。これもまたたしかに事物に何ものをも加えることなく、思惟の様態にほかならない。これは我々の明瞭判然と認識するところである。そして私は、このように明瞭な事柄に関して、これ以上何かいうことがあるとは思えない。ただここで注意したいのは、我々が神を他の有から分離する限り、神は一と呼ばれ得るし、またそうした本性のものが多数存し得ないと考える限りにおいて、神は唯一と呼ばれ得るということである。しかし事態を一層正確に検討しようとするならば、神を一とか唯一とか呼ぶのは適当でないことを我々は示し得るであろう。(二二)だがこうしたことは、事物そのものについて探求し、名称については顧慮しない人々にとって大した意味がない。否、全然意味がない。そこで我々はこれを打ち切って第二の点〔真〕に移り、それと共に偽とは何かについても語るであろう。

民衆並びに哲学者たちにとって真とは何か、また偽とは何か。

さてこの二つ、即ち真(verum)及び偽(falsum)について正しく認識するために、我々はその言葉の意味から始める。これによって、それが事物の外的名称に過ぎず、また修辞的にのみ事物に与えられるのであることが明らかになるであろう。しかし言葉というものは民衆がまず発明し、後で哲学者たちがこれを採用するのであるから、或る言葉のもともとの意味を探求する人には、それが始め民衆の間で何を意味したかを尋ねるのが必要と思われる。ことに、この探究に当り、言語そのものから得られる手がかりがない場合はなおさらのことである。ところで、真及び偽の最初の意味は物語りから出たように思える。即ち実際に起った事柄についてなされた物語りは真といわれ、どこにも起らなかった事柄に関した物語りは偽と呼ばれた。そしてこれを哲学者たちは後で観念とその対象との一致或は不一致を表示するのに用いている。そこで事物をそのあるがままに我々に示す観念は真の観念と呼ばれ、これに反して事物を実際あるとは異なって我々に示す観念は偽の観念と呼ばれる。観念は自然についての精神の物語り乃至記述にほかならないからである。そしてここから後でそれは比喩的に、無言の事物そのものにまで転用されるに至った。例えば我々が黄金を真或は偽と呼ぶ場合の如きである。あたかも、我々の前に置かれた黄金が、自己自身に関し、本当のことを或は本当でないことを物語ってでもいるかのように[二三]。

真は超絶的名辞ではない。

　このような次第で真を超絶的名辞或は有の情態と判断した人々は全く誤っているわけである。真ということを事物自身についていうのは不適当ないい方——或は修辞的ないい方といってもよい——にすぎないからである。

真理と真の観念とはどう異なるか。

さらに、真の観念を離れて真理とは何かと尋ねる人があるなら、その人は白い物体を離れて白とは何かを尋ねるに等しい。この二つの場合は互に同じ関係にある。

真の原因と偽の原因についてはすでに前に述べた。だからここでは注意すべき何ものも残っていない。ここに述べたことも、もし著作家たちが、同じたぐいの無益な諸問題に抜き差しならぬほど深くはまり込んで、しばしば「燈心草に節《ふし》を探す」ようなせんさくごとをしているのでなかったら、わざわざ述べるまでもなかったであろう。

真理の特性とは一体何か。確実性は事物のうちには存しない。

ところで真理或は真の観念の特性は次のようなものである。即ちそれは一、明瞭判然たるものであること、二、すべての疑惑を排除するものであること、一言でいえば確実なものであることである。もし人々が確実性を事物自身の中に求めるなら、それは真理を事物の中に求める場合と同様誤っている。なるほど我々は「或る事柄がまだ不確実である」などというが、これは修辞的に対象を観念に代えていっているのである。実際我々が、不確実ということを偶然の意味に解するか、それとも我々に不確実感乃至疑惑感を起させる事物の意味に解しているのでなければ、どうして我々は「或る事柄が疑わしい」などというであろうか。だが我々はこれらに関してこれ以上長く止まる必要はない。だから第三の名辞〔善〕に移り、同時にまたそれの反対〔悪〕をどう解すべきかをも説明するであろう。

善及び悪はただ相対的にのみいわれる。

事物はそれだけで見れば善とも悪ともいわれない。ただ他の事物に関連してのみそういわれる。即ち乙の事物がその愛するものを獲得するのに、甲の事物が益或は害になる時甲の事物は乙の事物にとって善或は悪といわれるのである。(二四)だから各〻の事物が異なった観点において同時に善とも悪ともいわれ得る。例えばアキトペルがアブサロムに与えた忠告は聖書では善と呼ばれている。(二五)しかし、ダビデにとっては最悪なものであった。それはダビデの破滅を目ざしたものであったから。だが、一応善でありながらすべてのものにとっては善であると限らないような善がほかにも多くある。例えば、救霊(salus)は人間にとっては善であるが、救霊などいうことに全然関係ない動物や植物にとっては善でも悪でもない。しかし神は最高の善といわれる。神は万物に役立つから、即ち神はその協力によって各物の存在——各物にとって何よりも大切な——を維持してくれるからである。これに反して絶対的な悪というものは決して存在しない。これは自明のことである。

なぜ或る人々は形而上学的善を認めたか。

しかし、いっさいの関係から離れた形而上学的善なるものを求める人々は誤った先入見に立っている。彼らは理性上の区別と実在的乃至様態的区別を混同しているのである。即ち彼らは事物そのものと、各事物のうちにある自己保存の努力とを区別している。しかも彼らは、この努力が何を意味するかについては知るところがない。というのは、或る事物とその事物にある自己保存の努力とは、理性において、或はむしろ言葉においては区別されるが、——そしてこれが主として彼らの錯誤の原因なのである——、しかし実

質的には決して区別されないのである。(二六)

事物と事物が自己の状態に固執しようとする努力とはどのように区別されるか。

これを明瞭に理解するため我々は、最も単純な事物を例にとろう。運動なるものは自己の状態に固執しようとする力を持つ。しかしこの力は実は運動そのものにほかならぬ。換言すれば運動の本性がそうしたものなのである。実際、もし私が、物体Aのうちには一定量の運動以外の何ものもないという場合、このことからの明瞭な帰結として、私がその物体Aを念頭に置く限り、私は常にその物体は運動しているといわねばならぬ。なぜなら、その物体が運動する自らの力を自分から失ったと私がいいでもするなら、私は前提において仮定したもの以外に、その物体が自己の本性を失った所以の或る他のものを必ずその物体に認めていることになるからである。しかしこの論証ではかえって事態がはっきりしないように思えるなら、よし、我々は、運動しようとするその努力が、運動の法則や本性と異なった或る別な物であることをしばらく容認するとしよう。ところでこの努力が形而上学的善であるというのであるからには、この努力はまた必然的に自己の存在に固執しようとする努力を持つであろう。そしてこの努力がさらに第三の努力を持つであろう。このようにして無限に進む。しかしこれにもまして不条理なことは考えることができない。それならなぜ彼らが事物の努力を事物自身と区別するかといえば、それは彼らが自己自身のうちに自己保存の欲望を発見し、そしてそうした欲望をすべての事物のうちに想像するからである。

神は事物の創造以前において善といわれ得るか。

なおまた、神は事物を創造する以前に善といわれ得たかどうか、ということが問題になる。我々の定義からすれば神はそうした属性を持っていなかったことになるであろう。我々がいったように、およそ物は、それ自身だけで考察されれば、善とも悪ともいわれ得ないからである。このようなことは多くの人々には不条理に思えるらしい。しかし私にはその理由がわからない。なぜというに、人々は神にこの種の多くの属性を認めているが、これらの属性は神が事物を創造する以前には、可能性としてしか神に属していなかったからである。例えば神が創造者、審判者、慈悲者等々と呼ばれる場合の如きである。だから我々はこうした類の論難に煩らわされている必要がないのである。

完全性というものはいかなる意味で相対的といわれ、またいかなる意味で絶対的といわれるか。

さらに、善悪が相対的としかいわれないと同様に、完全性もまた相対的である。ただし完全性ということを事物の本質そのものと解する場合はこの限りでない。我々が先に、神は無限の完全性を持つといったのはこの意味でいったのである。これはつまり、神は無限の本質を、或は無限の有を持つということなのである。

私はここにこれ以上多くを附加する気はない。形而上学の一般部門に関するその他のことは人々の十分知っているところであり、従ってこれにもっと立ち入って論及することは必要でないと思うからである。

形而上学的思想

この部では、形而上学の特殊部門において神とその属性及び人間精神に関して普通出て来る重要な諸問題が簡単に説明される。（一）

第二部

〈この部では神の存在が人々の普通解するとは異なって説明される。というのは、人々は神の存在を彼ら自らの存在と混同し、神を人間のような或る物と想像している。そして自らの有する神の真の観念に注意せず、或は自らがそうしたものを有していることを全く知らない。このため彼らは、神の存在をア・プリオリに即ち神の真の定義乃至本質からも、またア・ポステリオリに即ち我らのうちにある神の観念からも、証明することができずまた理解することもできない。我々はそれ故にこの部では、神の存在と被造物の存在が全く異なることをできるだけ明瞭に示すことにつとめるであろう。〉

第一章

神の永遠性について

実体の分類。

自然のうちに実体とその様態以外の何ものも存しないことはすでに前に説いた。だから人々はここで我々が実体的形相[二](formae substantiales)とか実在的偶有性[三](realia accidentia)とかについて何かを語るだろうなどと期待してはならぬ。これらのこと或はこれと似よりの他のことは、全く論ずるに足らぬ事柄だからである。次に我々は実体を二つの最高類に、即ち延長と思惟とに分ち、そして思惟を、創造された思惟即ち人間精神と、創造されない思惟即ち神とに分った。また神の存在を或はア・ポステリオリに、即ち我々の持つ神の観念から、或はア・プリオリに、即ち神の存在の原因としての神の本質から十二分に証明した。しかし神の若干の属性については、主題の重要性が要求するよりは簡単に取り扱ったのであるから、ここにこれを繰り返えしてもっと詳細に説明し[四]、同時に他のいくつかの問題をも解決することにした。

何よりも先に考察すべき重要な属性は、神の永遠性(aeternitas)である。

神にはどんな持続も属しない。

この永遠性によって我々は神の持続を説明する。或はむしろ、神にどんな持続をも帰しないために、神は永遠であると我々はいうのである。なぜならすでに第一部で注意したように、持続は事物の存在の情態[五]であって事物の本質の情態ではない。従ってその存在がその本質に属する神に対しては、我々はどんな持続をも帰することができぬ。神に持続を帰する者は、神の存在を神の本質と区別するものだからである。けれども、こう問う人々がいる。神は、現在の方がアダムを創造した当時よりも、ずっと長い存在を持っているのではないか、と。彼らにはこのことが十分明瞭に思えるので、彼らは決して神から持続を取り去ることができないと考える。

しかし彼らは不当前提(principium peto)をやっているのである。なぜなら彼らは神の本質がその存在から区別されると想定しているのであるから。即ちアダムの時代まで存在した神は、その存在に対し、さらにアダム創造から今日に至るまでの時間を加えているではないかと彼らは問うのである。つまり彼らは、一日経てば経つほどそれだけ大なる持続を神に帰し、いわば神が神自身によって絶えず創造されると想定しているのである。しかしもし、彼らが神の存在をその本質から区別しなかったとしたら、彼等は決して神に持続を帰しなかったであろう。持続は決して事物の本質には属し得ないからである。思うに何人も、円或は三角形の本質は、それが永遠の真理である限り、現在においての方がアダムの時代においてよりも一層長く続いているなどといいはしないであろう。さらにまた持続は、より大きくもより小さくも考えられ、いわば部分から成ると思われるから、この点からしても、神にはどんな持続も帰し得ないことになる。なぜなら、神の存在が永遠である以上、即ちそこには以前(prius)ということも以後(posterius)ということもあり得ないのである以上、我々は神に関して有する真の概念を破壊することなしには決して神に持続を帰することができないからである。つまり、神に持続を帰すれば我々はその本性上無限なもの、決して無限としか考えられ得ないものを部分に分割することになるのである。〈我々は神の存在を持続を以て説明しようとすれば神の存在を部分に分割するかまたは分割可能と解することになる。第一部四章参照。〉(六)

ところで著作家たちがこうした誤謬をやった原因は次のようなものである。

著作家たちが神に持続を帰した理由。　一、彼らは神を念頭に置くことなしに永遠性を説明しようと試みた。あたかも永遠性は神の本質を考察することなしにも理解され得るかのように、或は永遠性は神の本質以外の何ものかでもあるかのように。そしてこのことは次のことから来る。即ち我々は通常言葉の不足の故に、その本質がその存在から区別されるような事物にも永遠性を帰するに慣れ（例えば世界が永遠この方存在したということは何ら矛盾を含まないと言う場合の如き）、また事物がまだ存在しないと考えられる限りにおいて事物の本質にも永遠性を帰するのを常としているからである。我々はそうした場合事物の本質を永遠と名づけているのだから。

二、彼らが持続を事物に帰したのも、ただ事物が絶えざる変化に従属すると考えたからであって、我々の場合のように、事物の本質をその存在から区別していることにもとづいてではない。

三、最後に彼らは神の本質をも被造物の本質と同様にその存在から区別したのである。

あえていう、これらの誤謬は彼らにいろいろな誤謬への機因を与えたのである。即ち第一の誤謬のために彼らは永遠性の何たるかを理解せず、これを持続の一種と考えるに至った。第二の誤謬のために、彼らは被造物の持続と神の永遠性の相違を容易に発見し得なくなった。また最後の誤謬のために、つまり持続は存在の情態でしかないのに神の存在をその本質から区別したために、彼らは前述の如く神にも持続を帰するに至ったのである。

永遠性とは何か。　しかし永遠性とは何か、またいかにして永遠性は神の本質を離れては考えることができないかをよりよく理解するためには、我々の先にいったことを考察しなくてはならない。それは、被造物或は神以外のいっさい物は常に神の力乃至神の本質のみによって存在し、自己自身の力によって存在するのでないということである。この結果として、事物の現在的存在は未来的存在の原因ではなく、ただ神の不変化性だけがその原因であることになる。この故に我々はこういわざるを得ない。神が或る事物を創造した以上は神はこれをひきつづき維持するであろう、或は神はその同じ創造活動を継続してゆくであろうと。これから次のような結論がでてくる。

一、被造物は存在を享受する (frui) といわれ得る。存在は被造物の本質に属しないからである。これに反して神は存在を享受するといわれ得ない。神の存在は神の本質と同様に神そのものだからである。従って被造物は持続を享受するが、神は決して持続を享受することがない。

二、すべての被造物は、その現在的持続乃至存在を享受している間、未来的存在を全然自らのうちに含んでいない。未来的存在は被造物に対し継続的に与えられねばならぬものだからである。しかし被造物の本質については同様のことをいうことができぬ。一方、神はといえば、神の存在はその本質に属するから、我々は神にも未来的存在を帰することができない。神が未来において持つであろうその存在は、すでに現在において現実的に神に与えられているからである。或はもっと適当にいえば、神には、無限の知性が現実的に属していると同様に無限の存在が現実的に属しているのである。そしてこの無限の存在を私は永遠性と名づける。この永遠性は神にのみ帰せられ得るのであって、どんな被造物にも帰せられ得ない。あえていう。たとえ被造物の持続が過去未来の両方面に亘って際限がないとしてもそうなのである。
永遠性についてはこれだけにする。神の必然性については何もいわぬ。我々が先に神の存在を神の本質から証明した以上は、それは必要でないからである。だから我々は神の唯一性に移る。

第二章

神の唯一性について

我々がしばしば不思議に堪えないのは、著作家たちが神の唯一性(unitas)を基礎づけるのに用いている論拠の虚しさである。それは例えば「もし一つの神が世界を創造し得たとしたら、一つ以上の神は不要であったろう」とか、「もしあらゆるものが一致して同一目的のために働いているとすれば、それらすべてのものは一個の創造者によって産出されたのだ」(七)とか、その他これと類似の論拠であって、それは外面的な関係や名称から取り出されたものである。だから我々はこれらすべてを捨てておいて、我々の証明をここにできるだけ簡単明瞭に述べよう。それは次のとおりである。

神は唯一である。　我々は先に最高の智能をも神の属性に数えた。また神は自己のすべての完全性をば自らによって所有するのであって、他によって所有するのでないことを付け加えた。もし今多くの神、即ち多くの最高完全な実有があるとすれば、そうしたすべての神々は必然的に最高の智能者でなければならぬであろう。しかしそのためには、その各〻の神が、ただ自己自身を認識するだけでは足りない。なぜなら、各〻の神はすべてを認識しなければならぬのである以上、自分自身並びに他の神々を認識せねばならぬわけであるから。その帰結として、この場合各〻の神の知性の完全性は、一部分は自分自身に、また一部分は他に依存することになる。この結果、これらの神々のいずれもが最高完全な実有であり得ないであろう。換言すればそれは、前に注意したように、自己のすべての完全性を自らによって所有し、他によって所有するのでないような実有ではあり得ないであろう。しかるに神があらゆる点で完全な実有であること、そしてそうした実有が存在することは既に証明ずみである。ここから我々は、ただ一つの神だけが存在することを結論し得る。もし多数存在するとすれば、最高完全であるはずの実有が不完全性を有することになり、これは不条理だからである（八）〈尤もこの証明は、一応通用するものの、神の唯一性をそれほどはっきり説明してはいない。そこで私は、神の唯一性が神の存在の本性から正当に結論されることを読者に注意する。即ち神の存在がその本質と区別されず或はその本質から必然的に生ずるということから神の唯一性が結論されるのである〉。

神の唯一性についてはこれだけにする。

第三章

神の広大無辺性について

いかなる点で神は無限といわれ、またいかなる点で広大無辺といわれるか。

我々が前に説いた通り、完全で無限な有即ち神を念頭に置く場合はどんな有も有限で不完全なもの、換言すれば無の性質を帯びるものと考えられる。従ってただ神だけが絶対に無限といわるべきである。そしてこれは、神が実際に無限の完全性から成ることを我々が見出す限りにおいていわれる。一方神は広大無辺乃至不可限定的ともいわれ得る。これは、神の完全性を限定し得るどんな有も存しないということに着目する限りにおいていわれるのである。このことからして、神の無限性(infinitas)は、表現こそ消極的であるが、最も積極的な或るものであることになる。なぜなら、我々が神の本質或はその最高完全性を念頭に置く限りにおいてのみ神を無限であるというのであるから。これに反して広大無辺性(immensitas)はただ相対的にだけ神に帰せられる。広大無辺性が神に属するのは、神が最高完全な有として絶対的に見られる限りにおいてでなく、神が第一原因として見られる限りにおいてだからである。この第一原因は、ただ第二次的な有に関連してのみ最完全なのであるけれども、やはり広大無辺といえる。この第一原因より一層完全な、またこの第一原因を限定し測定し得るようなどんな有も存在せず、従ってまた考えられ得ないからである(これらのことについてくわしくは第一部公理九を見よ)。

神の広大無辺性は一般にどう解されているか。

しかし著作家たちは、神の広大無辺性について論ずる時に、しばしば神に或る量を帰しているように見える。事実、彼らはこの属性にもとづいて、神が必ず至るところ現在していなければならぬと結論しようとする。あたかも彼らは、神が或る場所にいなかったとすれば、神の量は制限されたものであるといおうとでもするかのように。この同じことは、神が無限乃至広大無辺(というのは彼らはこの二者を混同している)であり従って至るところにあるということを示すために彼らの挙げている他の理由からなお一層明らかになる。彼らはいう。(九) もし神が純粋活動であるとするなら(そして実際その通りなのだが)、神は必ず至るところに在りそして無限でなければならぬ。なぜならもし神が至るところにいないとすれば、神はその在りたい場所に必ずしも在り得ないか、或は必然的に運動せねばならぬか(ここに注意!)であろう、と。これからして、彼らが神を或量として見る限りにおいて神に広大無辺性を帰していることがはっきりわかる。彼らは神の広大無辺性を主張する彼らのこの論拠を延長の諸特性から取り出しているからである。しかしこれほど不条理なことはないのである。

神が至るところに在ることの証明。

もし人が、それでは神が至るところに在るということを我々は何によって証明するのか、と問うならば私は答える。どんなものも各〻の瞬間において神から引きつづき創造されるのでなくては一瞬間たりとも存在し得ないことを我々が示した際にこのことはすでに十二分に証明されている、と。

神の遍在性は説明することができぬ。

しかし神の遍在性(ubiquitas)即ち各〻の事物における神の現在性を正しく理解するためには、事物を創造しかつひきつづきこれを存続せしめている神的意志の内的本性をぜひ洞察しなくてはならぬ。しかしこれは人間の把握力を超越することだから、いかにして神が至るところにあるかを説明することは不可能である。

〈ここで注意すべきは一般民衆が「神は至るところに在る」という場合、神を劇場における見物人のように取り扱っていることである。ここからして、我々がこの部〔章?〕の終りにいっていること、即ち人々は概ね神的本性を人間的本性と混同しているということがはっきりわかる。〉

或る人々は神における三種の広大無辺性を認めているがそれは正しくない。

或る人々は神の広大無辺性に三種あることを認めている。本質の広大無辺性、能力の広大無辺性、最後に現在することの広大無辺性〔遍在性〕である。(一〇) しかし彼らのいうところは取るに足らぬ饒舌にすぎない。彼らは神の本質と神の能力を区別した上でそういっているように見えるからである。

神の能力は神の本質と区別されない。

この同じことを他の人々はもっとはっきり言明した。即ち彼らは、神が至るところに在るのはその能力によるのであって本質によるのではないと主張する。あたかも神の能力が神のすべての属性乃至無限の本質と区別されるかのように。しかし神の能力はその本質以外の何ものでもあり得ない。というのは、もし本質と異なる或ものだとすれば、神の能力は或る被造物であるか、それとも神の本質に附加された或るもの、それなしにも神の本質が考えられる或るものであるかであろう。しかしこの両方とも不条理である。なぜなら、神の能力が被造物であるとすれば、それは自らを保持するのに再び神の能力を要するわけであり、このようにして無限への進行が生ずるであろう。またもしそれが附加的な或るものだとすれば、神は最単純な有でないことになり、これは我々の先に証明したところと矛盾する。

神の遍在性もまたその本質と区別されない。 最後に彼らはまた、現在することの広大無辺性〔遍在性〕をば、事物を創造しかつ絶えずこれを維持する神の本質以外の或るものであるといいたげに見える。これは実に大きな不条理である。この不条理に彼らが陥ったのは、彼らが神の知性を人間の知性と混同し、また神の能力をしばしば王侯の能力に比較したことに由来する。

第四章

神の不変化性について

変化とは何か。また変形とは何か。 変化（mutatio）とはこの個所では、或る主体の本質そのものが全く保たれたままでその主体の中に起り得るようないっさいの変異（variatio）のことと解する。尤も一般にはこの語はもっと広義に、即ち事物の破滅——といっても絶対的破滅でなく、破滅に伴なう発生をも同時に含むような——を意味するにも用いられる。例えば芝生が灰に変化するとか、人間が野獣に変化するとかいう如きである。しかし哲学者たちは、こうした過程を表示するのに、別に変形(transformatio)という言葉を用いる。我々もここでは何ら主体の変形が生じないような変化についてのみ語るのである。例えばペテロが顔色を変えたとかいう場合の如く。

神には変形は起らない。

さて神のうちにそうした変化が起るかどうかを見なければならぬ。というのは神の場合変形については何もいう必要がない。神が必然的に存在すること、即ち神は存在することを止めることができないこと、或は神は他の神に変形することができないことを我々はすでに説いたのであるから。事実、神が変形し得るとすれば、神は存在することを止めるであろうし、また同時に多数の神が存在し得ることにもなるであろうが、この両方とも不条理であることはすでに示した通りである。

変化の原因は何か。

ここでなおいうべき事柄を一層判然と理解するために考慮せねばならぬことは、すべての変化は、外的原因から来る(当の主体がそれを欲すると欲しないとにかかわらず)か、それともその主体の内的原因即ち主体自身の選択から来るか、そのどちらかであるということである。例えば人間が色が黒くなったり、病気にかかったり、成長したり、その他この類のことは外的原因から来るのであり、そしてその或るものは、主体の意志に反して起り、或るものは主体の願望に合致して起る。しかし散歩しようと欲したり、怒りを示そうと欲したりすることは内的原因から来るのである。

神は他から変化を受けることがない。

始めのような変化、即ち外的原因から来る変化は、神には起り得ない。神は万物の唯一の原因であって、何ものからも働きを受けないからである。その上、どんな被造物も自らのうちには何らの存在する力を有せず、従って被造物には自分の外において、或は自分の原因に対して、何らかの働きかけをする力はなおさらないのである。尤も聖書には神が人々の罪の故に怒ったとか悲しんだとかいったたぐいのことがしばしば見出されるけれども、それは結果を原因ととり違えているのであり、あたかも、太陽がその位置を変化することもなくまたその力を増すこともないのに太陽が夏は冬より一段強くて高いと我々がいうのと同じである。こうしたことが聖書にしばしば説かれていることは、イザヤ書を見てもわかる。イザヤはその書の五十九章二節で民を非難しながら、「汝等の不義、汝らを汝らの神よりへだてたり」といっている。

神は自分自身によって変化することもない。

そこで、神のうちには神自身による何らかの変化が生ずるかどうかを探究することに移ろう。しかし神にこうした変化が生ずることを我々は認めない。否、全然否定する。なぜなら、意志に依存するすべての変化は、その主体がよりよき状態に変化するために行われるのだが、そうしたことは、最完全な実有には起り得ないからである。さらにまたこの種の変化は、何らかの害悪を避け或は自分に欠けている何らかの善を得ようとする場合にのみ生ずるのであるが、この両方とも神には起り得ない。これからして、神は不可変的な実有であることが結論される。*

＊（このことは我々が、神の意志或は決裁の本質を考慮する時一層明瞭になることに注意せよ。というのは、以下に示すであろうように、事物を創造した神の意志は、それらを認識する神の知性と別物でない。このようにして、三角形の三角の和が二直角に等しいことを神が認識するというのも、三角形の三角の和が二直角に等しいように神が意志し或は決裁したというのも同じことである。従って神がその決意を変え得ると考えることの我々にとって不可能なのは、三角形の三角の和を二直角に等しくないと思惟することの不可能なのと同様である。なおまたこのこと、即ち神のうちには何らの変化もあり得ないということは、他の仕方でも証明され得る。しかし、簡単を期するため、我々はこの点をこれ以上追求しようとは思わない。）

なお私はここで変化に関する一般の分類(二)には故意にふれなかったことに注意されたい（尤も或る点では私もそれを取り入れたのであるけれども）。なぜなら、我々は第一部定理十六で、神が物体的なものでないことを証明しているが、あの一般の分類は、単に物質的変化にのみ関するものである以上、そうしたものの一つびとつを神から退けることは不必要だったからである。

第五章

神の単純性について

事物の間には三種の区別がある。実在的区別、様態的区別、理性による区別がこれである。

神の単純性(simplicitas)に移る。神のこの属性を正しく理解するためには、デカルトが「哲学原理」第一部四十八及び四十九節で述べたこと、即ち自然のうちには実体とその様態以外の何物も存しないこと、そして彼がこれにもとづき同部六十、六十一、及び六十二節で事物についての三種の区別、即ち実在的区別、様態的区別、理性による区別を導き出していることを記憶に呼びもどさなくてはならぬ。このうち、実在的区別(distinctio realis)といわれるのは、二つの実体――その属性が異なっていると同じであるとを問わない――が相互に区別される場合の区別である。例えば、思惟と延長、或は物質の諸部分がそれである。この区別は、その両者のいずれもが他の助けなしに考えられ、従ってまた他の助けなしに存在し得るということによって認識される。様態的区別(distinctio modalis)には二通りある。一つは実体の様態と実体自身との間の区別で、もう一つは同一実体の二つの様態の間の区別である。この後者の区別は、各〻の様態は他の様態の助けなしに考えられるが、どの様態もそれを様態としているところの実体の助けなしには考えられないということによって認識される。一方、前者の区別は、実体はその様態なしにも考えられるが、様態は実体なしには考えられないということによって認識される。最後に、理性による区別(distinctio rationis)といわれるのは、実体とその属性との間に生ずる区別である。例えば持続が延長と区別される場合の如きがそれである。そしてこの区別は、そうした実体はこの属性なしには理解されないということによって認識される。

すべての結合はどこから生ずるか、また結合にはどれだけの種類があるか。

以上三種の区別からすべての結合が生ずる。第一の結合は、同じ属性を持つ二つ或は多数の実体の結合(例えば二つ或は多数の物体から成るすべての結合)、或は異なった属性を持つ二つ或は多数の実体の結合(例えば人間)である。第二の結合は、異なった様態の合一によって生ずる。最後に第三の結合は、実際には生じないのであるが、ただ理性によってあたかもそれが生ずるかの如くに考えられるまでなのであり、これは事物をより容易に理解するためのものである。そして前の二つの仕方のいずれかによって結合されないものは、単純といわれねばならぬ。

神は最も単純な実有である。

そこで我々は神が何ら結合されたものでないことを示さねばならぬ。そうすれば神が最も単純な実有であることを結論し得るであろう。(二三) これは容易になされる。というのは、結合の部分はその本性上少くも結合されたものに先立つことが自明である。従ってその結合や合一によって神を構成するところの実体は、本性上必ず神自身に先立つことになる。そうすればその各ゝは神の概念から切り離してそれ自身で考えられ得るであろう。ところで、それらの実体が必然的に互に実在的に区別されるのであるからには、その各ゝはまた必然的に他の助けなしにそれ自身で存在し得ることになり、このようにして、我々のすでに述べたように、神を構成すると想定された実体の数だけ神が存在し得ることになる。なぜなら、各ゝの実体はそれ自身によって存在し得るからには、それはまたそれ自身の力によって存在せねばならぬのであり、従って各〻の実体は、神に内在するものとして我々が示したすべての完全性を自らに与える力をも持つことになるからである(我々が第一部定理七で神の存在を証明した際くわしく説明したように)。しかしこれほど不条理なことはいわれ得ないのであるから、我々は神が実体の結合や合一から構成されるものでないと結論するのである。なおまた神のうちに異なった様態の結合が存しないことは、神のうちには何らの様態も存しないことから十分明らかである。様態は実体の変化(alteratio)によって生ずるのだからである(「哲学原理」第一部五十六節を見よ)。最後にもし人が、事物の本質とその存在とからして他種の結合を案出しようとしても、我々は決してこれに反対はしない。しかし、我々がすでに十分証明したように、この二つは神においては区別されないことを忘れないでもらいたい。

神の属性はただ理性的にのみ区別される。

そしてこれから今や我々は、我々が神の諸属性の間に設けているすべての区別は、理性による区別にほかならず、実際にはこれらの属性は相互に区別されないことを結論し得る。理性による区別とは、私が先に述べたような区別、即ちかくかくの実体はかくかくの属性なしには在り得ないということによって認識されるあの区別のことであると解してもらいたい。以上からして我々は神が最も単純な実有であることを結論するのである。そのほか、逍遙学派の哲学者たちがやった乱雑な区別は、我々は問題にしない。そこで我々は神の生命へ移る。

第六章

神の生命について

哲学者たちは一般に生命をどう解しているか。

この属性、即ち神の生命(vita)を正しく理解するためには、各〻の事物において生命が何を意味しているかを一般的に説明することが必要である。そこで第一に逍遙学派の哲学者たちの見解を吟味してみよう。彼らは生命を「熱気を以て栄養を営む霊魂の在住」と解した(アリストテレスの「呼吸について」第一巻八章を見よ)。そして彼らは三種の霊魂、即ち成長的、感覚的及び知性的霊魂を仮定し、これをただ植物、動物及び人間にのみ帰したのであるから、この結果として、彼ら自身も認めるように、その他のものは生命を欠くことになる。しかし彼らも精神そのものや神が生命を欠いているとはあえていわなかった。そういえばそれらのものが生命の反対に陥ることを、つまり死物になってしまうことを彼らは恐れたのであろう。このためアリストテレスは、彼の「形而上学」第十一巻七章で、生命に関する別の定義を——精神にのみ特有な定義を与えている。即ち「生命とは知性の活動である」[一三]と。そしてこの意味で彼は神に生命を認めている。神は知性認識者であり、純粋活動者であるからである。しかし我々はこれらの見解を反駁するために長く止まりはしないであろう。なぜなら、彼らが植物、動物及び人間に帰しているあの三種の霊魂についていえば、そうしたものが単なる空想の産物にすぎないことはすでに十分証明ずみである。物質のうちには機械的な組織と活動以外の何ものもないことを我々は示したのであるから。一方、神の生命に関していえば、なぜ彼において意志の活動やその他の活動よりも知性の活動が採用されているかの理由を私は知らない。しかし私はこれについて何の答をも期待していないから、直ちに我々の約束したところのこと、即ち生命とは何であるかについて説明することに移る。

どんな事物に生命は認められ得るか。

さてこの言葉はもとの意味を離れてしばしば人間の生活様式を示すのに用いられるけれども、我々はしかしこの語が哲学上何を意味するかだけを簡単に説明しよう。ところで注意すべきは、もし生命が物体的な事物にも認められるとすれば、生命のないものは何もないであろうし、またもし生命が霊魂と身体の合一しているものにのみ認められるとすれば、生命はただ人間と、そして恐らく動物とにだけ認められ得ることになり、精神や神には認められないことになるということである。だが生命という言葉は、通常もっと広義に用いられるから、精神と合一していない物体的事物にも、また物体から分離した精神にも認められ得ることは疑いない。

生命とは何であり、また神における生命とは何であるか。

だから我々は生命を「事物が自らの有に固執しようとする力」（一四）と解する。そしてこの力は事物自身とは異なるものであるから「事物自身が生命を持つ」という表現は適当である。しかし神が自らの有に固執しようとする力は神の本質以外の何ものでもないから、神の場合は、「神は生命である」といういい方が最も正しいいい方である。そして神学者たちのうちにもこれと同じ考えを持っている人々がなくはない。即ち彼らは考えている——ユダヤ人たちが誓いをする際に「生けるエホバにかけて」といって「エホバの生命にかけて」といわなかったのは神は生命であり神と生命とは区別されないからであって、これはヨセフが埃及王《パロ》の生命にかけて誓った時「埃及王《パロ》の生命にかけて」といったのとくらべてみればわかる、と。

第七章

神の知性について

〈神の知性、意志及び能力について論ずる以下の三章の所説から極めて明瞭にわかることは、事物の本質、並びに事物が与えられた原因から存在するに至る必然性は、神の一定の意志或は決裁にほかならないということである。それ故に神の意志は、我々が事物を明瞭判然と認識する時にこそ我々に最も明白になるのである。それで、哲学者たちが、事物の原因のわからない場合にいつも神の意志に避難所を求めるのは笑うべきことである。このやり方は我々の通常見ているところである。というのは、彼らは、原因が彼らに知られない事物を、単に神の好き勝手と神の絶対的決裁から生じたと称するのである。人々はまた神の摂理と指導を証明するのに、原因が知られないということから引き出す証明以上に強力な証明を発見しなかった。これは確かに彼らが、神の意志の本性を全然知らないで、人間的意志――我々の知性と実際に区別されるところの――を神に帰したことの何よりの証拠である。これは、私の考によれば、迷信の、そして恐らくまた多くの奸計の、唯一の基礎となってきたのである。[一五]

神は全知である。

我々は先に、全知(omniscientia)を神の属性に数えた。全知が神に属することは十分明白である。なぜなら知は自らのうちに完全性を含んでおり、そして神即ち最高完全な実有はどんな完全性をも欠いてはならぬからである。従って神には最高程度の知、即ちどんな無知も或はどんな知の欠乏も予想乃至仮定されないような知が帰せられなくてはならぬ。そうでなくては、この属性そのもののうちに、即ち神のうちに、不完全性が存することになるからである。以上の帰結として、神は決して知性を能力として持っていたのでなく、[一六]また神は何事をも推理によって結論するものでないことになる。

神の知の対象となるものは神の外にある事物ではない。

さらにまた神の完全性の帰結として、神の観念は、我々の観念のように神の外にある対象によって規定されるものでないということになる。否反対に、神の外にある、神によって創造された事物は、神の知性によって規定されるのである。* もしそうでなければ、諸〻の対象はそれ自身によって自己の本性や本質を有し、そして少くともその本性上神の知性に先行することになるが、これは不条理である。若干の人々はこのことに十分注意しなかったために、大きな誤謬に陥った。即ち或る人々は、神の外に、神と等しく永遠な、それ自身によって存在する物質があると主張し、そして彼らのうちの或る者は、神はただ知性によってこの物質に秩序をもたらしただけだとし、また或る者は、神はその上この物質に形相を与えたものとした。次に他の人々は、事物は自らの本性によって必然的であるか不可能的であるか偶然的であるかであると主張し、従って神は偶然的なものを偶然的なものとして知るけれども、それが存在するかしないかは全然知らないとした。最後にまた他の人々は、神は偶然的なものをその四囲の状況から知る、恐らく神は長い経験によってそれを知るのだ、と言った。なお私はこのほかにも同種の幾つかの誤謬をここに挙げることができる。しかしその必要もなかろう。それはすでに述べたことからその誤りであることがおのずから明らかになるようなたぐいのものであるから。

* このことからして、被造物を認識する神の知性と、被造物を決定した神の意志及び能力とは同一物であることになる。

神の知の対象は神自身である。

そこで我々の本題に帰ろう。我々の考えによれば、神の外には神の知の対象は何も存しない。むしろ神自身こそ神の知の対象である。否、神が神の知そのものなのである。従って世界をも神の知の対象であると思う人々は、或る卓越した建築家が作った建築物をその建築家の知の対象だと主張しようとする人々よりもはるかに不合理である。なぜなら、その建築家は少くとも自らのほかに適当な材料を求めねばならぬのに、神は自分のほかに何らの材料を求めず、事物をその本質に関しても、その存在に関しても、自らの知性乃至意志によって作り出したからである。

どのようにして神は罪や理性の有などの認識を有するか。

さて神は悪乃至罪、理性の有、その他そうした類のものを果たして認識するかどうかが問題となる。これに対して我々は答える。神は自分がその原因であるところのものは必然的にこれを認識していねばならぬ。ことにそうしたものは神の協力に助けられなくては一瞬間たりとも存在し得ないからである。ところが、悪や罪は事物の中にある何ものでもなく、ただ事物を相互に比較する人間精神のうちにのみあるのだから、神はそうしたものを人間精神の外には認識することができないのである。我々は先に、理性の有は思惟の様態であるといったが、そうしたものが神から認識されねばならぬのはこの意味においてである。換言すれば、神が人間精神——それがどんな構成のものであっても——を絶えず維持し創造していることを我々が知っている限りにおいてである。神が自ら認識することを一層容易に記憶に保存するためにこうした思惟様態を自らのうちに有するというのでは決してない。そして我々が述べたこれらわずかのことに正しく注意しさえすれば、神の知性に関しては容易に解決されないようなどんな問題も出され得ないであろう。

神はどのように個物を認識し、またどのように普遍的な物を認識するか。

しかし我々は一部の人々の次のような誤謬を見すごすわけには行かない。彼らは主張する、神は永遠なる事物例えば天使とか天(彼らはこうしたものをその本性上不生不滅であると考える)といったようなものしか認識しないし、この世界に関しても、同じく不生不滅と見られるところの種(species)のほかは何も認識しないと。これらの人々は正につとめて誤りを犯そうと欲し、また極端に不条理なことを考え出そうとしているかに見える。なぜなら、神の協力なしには一瞬間たりとも存在し得ない個物の認識を神に否定することほど不条理なことがあろうか。そして彼らは、神が実在的に存在する事物を認識しないと主張する一方、決して存在しないような、また個物を離れては何らの本質をも有しないような普遍的なもの(universalia)の認識を神に帰しているのである。しかし我々はこれと反対に、神に個物の認識を帰し、神が普遍的なものを認識するということは、神が人間精神を認識する限りにおいてでなくてはこれを認めないのである。(一七)

神のうちには唯一つの単純な観念があるだけである。

最後に我々はこの主題を終るに先だち、次の問題に解答を与えねばならぬように思われる。それは、神のうちには多数の観念があるのかどうか、それともただ一つの最も単純な観念があるだけなのかどうかということである。これに対して私は次のように答える。神が全知と呼ばれる所以の神の観念は唯一つで最も単純なものであると。

実際、神が全知と呼ばれるのは、神が自分自身についての観念を有するからにほかならぬのである。この観念乃至認識は常に神と共に存在した。なぜならそれは神の本質以外の何ものでもなく、また神の本質として以外には決して存し得なかったからである。

これに反し、被造物についての神の認識は、神自身についての認識ほど本来的には神の知と称

被造物に関する神の知について。

することが出来ない。もし神が欲したなら、被造物は今と異なった本質を持っていたであろうからである(こうしたことは神が自分自身について有する認識においては起り得ない)。しかし被造物に関する神の認識——そうした呼び方が本来的であると方便的であるとを問わず——が多様であるか唯一であるかということは問題になり得る。これに対して我々は答える、この質問は、神の決裁と意志活動が多数であるかないか、また神の遍在性、即ち個物を維持する神の協力がすべてのものにおいて同一かどうかという質問と少しも異ならないと。そしてこのことについて我々は、すでにいったように、何ら判然たる認識を持ち得ないのである。それにもかかわらず我々は次のことを極めて明瞭に知る。即ち、神の協力が結果においては種々さまざまに現われるけれども神の全能に関しては唯一でなければならぬように、神の意志活動と決裁(私は被造物に関する神の認識をこう呼びたい)もまた、被造物を通しては、或はむしろ被造物においては、種々さまざまに表現されるけれども、神において考えれば多数ではないのである、と。最後に我々が全自然の斉合性(analogia)に注目するなら、我々は自然を唯一つの実有と考えることができるのであり、従って所産的自然に関する神の観念乃至決裁は、ただ一つであるであろう(一八)。

第八章

神の意志について

神の本質、神が自らを認識する知性及び神が自らを愛する意志がどのようにして区別されるかを我々は知らない。

神が自らを愛しようとするその意志は、神が自らを認識するその無限な知性から必然的に出て来る。しかしこの三者、即ち神の本質、神が自らを認識する知性及び神が自らを愛しようとする意志がどのようにして区別されるかは、我々の知り得ないことの一つである。神学者たちがこの事柄を説明するのにしばしば用いるあの言葉——位格性《ペルソナリタス》(一九)という言葉を我々は知らなくはない。だが我々は、この言葉は知っていてもその意義は知らないし、またそれについて明瞭判然たる概念を形成することもできない。尤も、信心深い人たちが、約束されたところに従って、他日神の姿をまのあたり見る幸福に恵まれた場合、神がこのことをその下僕たちに啓示してくれるであろうことは、我々の固く信ずるところであるけれども。

神の意志及び能力はその外的活動に関しては神の知性と区別されない。

しかし神の意志と能力がその外的活動に関する限り神の知性と区別されないことは、すでに前述のことから十分明らかである。というのは、神はただ単に事物が存在すべきことを決定したばかりでなく、それがかくかくの本性において存在すべきことをも決定したことを我々は示しているからである。即ちそれらの事物の本質と存在は神の意志と能力に依存せねばならなかったのである。これからして、神が被造物を創造し、認識し、維持し、愛するその知性と能力と意志とは、決して相互に区別されず、ただ我々の思惟に関してのみ区別されることを我々は明瞭判然と知覚する。

神が或るものを憎み或るものを愛するということは本来的意味ではいわれない。

ところで神が或るものを憎み、或るものを愛すると我々がいう場合、それは聖書に、地がその住民を吐き出すであろう（二〇）とか、その他そうした種類のことがいわれていると同じ意味でいわれているのである。実際、神が何ものに対しても怒らず、また民衆が信じているような仕方で事物を愛するものでないことは、聖書そのものから十分推論される。これは、イザヤもいっているし、また一層明瞭にパウロがロマ書九章でいっている。曰く「彼ら(イサクの子等)未だ生れず善も悪もなさぬうちに、神の規定は選びに従いて存する為に、行いによらず召しによりて『兄は弟に仕うべし』と彼女〔リベカ〕にのたまえり云々」。またその少し後にこうある、「されば神はその憐まんと欲するものを憐み、その頑くなにせんと欲する者を頑くなにしたまうなり。これによりて汝或は我にいわん、『神なんぞなお人を咎め給うか、誰かその御定めに悖《もと》る者あらん。』ああ人よ、汝誰なれば神にいい逆らうか。造られしもの、造りたる者に向いて『汝何ぞ我をかく作りし』というべきか。陶工は同じ土塊を以て一の器を尊き用のため、一の器を賤しき用のために作るの権能なからんや云々」

なぜ神は人間に警告するのか。なぜ神は警告なしには人間を救わないのか。またなぜ邪悪者は罰せられるのか。

なおまたこう問う者があるかもしれぬ。なぜ神は人間に警告するのか、と。しかしこれに対する答は容易である。曰く、神は、その救おうと欲した人々を自分へ帰依させるため一定の時に警告するよう永遠この方決裁していたのである、と。次に問者が、神はそうした警告なしには人々を救うことができなかったかどうかと尋ねるなら、それはできたのだと我々は答える。そんならなぜ警告なしに救わないのかと彼は再び問うであろう。これに対しては、なぜ神は激しい東風の助けなしに紅海を渡れるようにしなかったか、（二二）なぜ神はすべての個々の運動を他の運動なしにひき起さないのか、またなぜ神はその行う無限に多くの他のことを中間原因なしに行わないのか——そうしたことを彼がまず私に告げてくれた後に私は答えるであろう。彼はさらに問うであろう、ではなぜ邪悪者は罰せられるか、彼らだって自己の本性により神の決裁に従って行動するのではないか、と。しかし私は答える。彼らが罰せられるのもまた神の決裁によるのである、そしてもし自由意志で罪を犯すと考えられる人々だけが罰せらるべきだとすれば、なぜ人間は毒蛇を殺そうとつとめるのか、毒蛇も自己固有の本性に従って罪を犯し、ほかにどうすることもできないのではないか、と。

聖書は自然的光明に矛盾するようなことは何も教えない。

最後に、聖書の中にまだ何か疑問を起させるようなことが出てくるとしても、ここはそれを説明する場所でない。我々はここでは自然的理性によって最も確実に把握し得る事柄だけを探究するのだからである。そして我々がこのような事柄を明確に証明し、聖書もまたこれと同じことを教えねばならぬのだということがわかれば、それで十分である。思うに、真理は真理と矛盾するものでなく、聖書も人々が一般に空想するような荒唐無稽なことを教えるはずがないからである。もし万一にも聖書の中に自然的光明に矛盾する何かを見出すとしたら、我々はコーランやタルムードを排撃すると同じ自由を以て聖書を排撃し得るであろう。しかし聖書の中に自然的光明と矛盾するような何かが見出され得るとは私は全然考えていない。

第九章

神の能力について

神の全能をどのように解すべきか。

神が全能(omnipotens)であることはすでに十分証明した。ここではただ、この属性をどう解すべきかを簡単に説明することにする。多くの人々は、この属性について語るに当り、十分敬神的でもなく、また真理によってもいない。彼らはいう。事物のうち或るものは神の決裁によってでなく自己の本性によって可能的であり、また或るものは不可能的であり、最後にまた或るものは必然的である、そして神の全能はただ可能的なものにのみ関係する(三)、と。けれども、いっさいが神の決裁に絶対に依存することをすでに示した我々としては神は全能であると主張する。しかし一方我々は神が或る事柄をその純粋な自由にもとづいて決裁したことを知り、また神が不可変的であることを知った以上、神はその決裁に反しては何事をもなし得ず、そうしたことは単に神の完全性に矛盾するという理由だけからでも不可能であるということがいえるのである。

一切は神の決裁によって必然的なのである。或るものはそれ自身で必然的であり、また或るものは神の決裁によって必然的であるというわけではない。

しかし恐らくこう反駁する人があるであろう。我々は、或るものについては、神の決裁を眼中に置く場合においてのみそれが必然的であることを知り、これに反して、或るものについては、神の決裁を眼中に置かずにも必然的であることを知る。例えば、ヨシヤが偶像礼拝者たちの骨をヤラベアムの祭壇で焼いたという（二三）如きは前者である。というのは、もし我々がヨシヤの意志だけを眼中に置くとしたら、事態を可能的なことと判断するだけで、決して必然的に起ることとは判断しないであろう。これを必然的といえるのは、予言者が神の決裁にもとづいてこのことを予言したからにほかならない。これに反して、三角形の三つの角の和が二直角に等しくなければならぬということは、事態そのものがこれを明示するのだ、と。しかしこうしたことをいう人々は、無知のために事物のうちに種々の区別を虚構するものである。なぜというに、もし人々が自然の全秩序を明瞭に理解するとしたら、人々はいっさいが数学において取り扱われているあのすべての事柄と同様に必然的であることを見出すであろう。しかしこうしたことは人間の認識力の及ばぬところであるから、我々は或るものを可能的と考えて必然的とは考えないのである。それで我々は、「いっさいは実際に必然的であるから神は何事をもなし得ない」といわねばならぬか、それとも「神はいっさいをなし得る、そして事物の中に見出される必然性は神の決裁からのみ生じた」といわねばならぬか、そのどちらかである。

もし神が事物の本性を今とは別様に作っていたとしたら、神はまた我々に対しても別様な知性を与えていたはずである。

さていま次のように問う人があるかもしれない、もし神が事物を別様に決裁し、現に真であるところのことを偽であるようにしたとすれば、我々はそれでもなおそれを最も真なものとして認めるであろうかどうか、と。〔これに対して私は答える〕、もし神が我々に与えた本性をそのまま我々に残して置いたとすれば確かにそうなるであろう。しかし、そうした場合でも、神は、もしその気になりさえしたら、神から別様に定められた事物の本性と法則を理解し得るような本性を我々に与える――かつて与えた如く――ことができたであろう。否、もし我々が神の誠実ということを念頭に置く限り、神は必ずそうした本性を与えたに違いない、と。この同じことはまた、我々が先に述べたこと、即ち所産的自然の全体はただ一つの有であるということからも明らかである。というのは、このことからして、人間は自然の一部分であって他の諸部分と密接に結合していねばならぬことになる。従ってさらに神の決裁の単純性ということと併せ考えれば、次の帰結にならざるを得ない、即ち、もし神が事物を異なった仕方で創造したとしたら、神は同時にまた我々の本性をも、神の創造した通りに事物を理解し得るような風に創っていたであろう、と。

そこで我々は、哲学者たちが普通やっている神の能力についての分類は保存したいと思うがその説明は別様にしなければならぬ。

(二四)一般の分類に従って我々は神の能力を秩序的能力と絶対的能力に分つ。神の絶対的能力(absol-

神の能力は幾種に分たれるか。絶対的能力とは何か、秩序的能力とは何か、正常的能力とは何か、非常的能力とは何か。

utapotentia) とは、我々が神の全能をば神の決裁を念頭に置かずに考察する場合にいうのであり、これに反して、秩序的能力(ordinata potentia)とは神の決裁を眼中に置く場合にいうのである。

次に、神には正常的能力と非常的能力とがある。正常的能力(ordinaria potentia)とは、神が世界を一定の秩序において維持する能力である。また非常的能力(extraordinaria potentia)とは、神が自然の秩序を離れて或ることをなす場合の能力である。例えば驢馬が話をするとか、天使が現われるとか、そうした類のすべての奇蹟は後者である。しかしこの非常的能力については大いに疑問の余地があり得る。なぜなら、神が純粋な自由にもとづいて自然のうちに最も見事に定めた諸法則(自然のうちにそうした法則のあることは全くの盲目者でない限り誰も否定することができない)を人間の愚昧の故に停止することよりも、神が世界を常に同じ一定不変の秩序に従って支配することの方が、一層大なる奇蹟であるように思えるからである。しかしこのことの決定は神学者たちにおまかせする。

最後に、神の能力に関して通常提出される他の諸問題、即ち「神の能力は過去にも及ぶかどうか」、「神はそのなすところを一層よくなすことができるかどうか」、「神はそのなしたこと以外にもっと多くのことをなし得るかどうか(二五)」、等々については省略した。これらに対しては、前に述べた事柄から極めて容易に答えることができるからである。

第十章

創造について

神が万物の創造者であることはすでに前に述べられている。ここで我々は、創造とは何かについて説明することにつとめるであろう。次に、創造に関して一般に提出される諸問題をできる限り解明することにしよう。そこで前者から始める。

創造とは何か。 我々はいう、「創造とは起成原因〔動力因〕以外に何らの原因も協力しない活動である」と。或は「創造された物とはその存在に神以外の何物をも前提としないところのものである」と。

創造に関する一般の定義は正しくない。 ここで第一に注意すべきは、我々は通常哲学者たちが用いているあの言葉、即ち「無から」(ex nihilo)という言葉を除いているということである。無からといえば、無がまるでそれから事物が作り出されたところの物質でもあるかのように聞える。彼らがこうしたいい方をするのは、事物が生産される場合、彼らは、事物がそれから作られるところの或るものを事物に先立って想定するのが常なので、創造に際しても、この「から」(ex)という言葉を棄てることができなかったのである。同じことが物質に関しても彼らに起った。即ち彼らはすべての物体が或る場所にあり、そして他の諸物体から囲まれているのを見ているので、「全物質はどこにあるか」と自問し、「それは或る想像的空間(aliquod spatuim imaginarium)のうちにある」と自答したのである。だから彼らは無ということを、すべての実在性の否定と見做したのでなく、むしろそれを実在的な或るものと考え或は想像したのであること疑いない。

著者自身の立てた定義の説明。

第二に注意すべきは、創造にあっては起成原因(causa efficiens)以外に他のどんな原因も協力(concurro)しないと私がいっていることである。なるほど私は、創造は起成原因以外のすべての原因を「否定する」(nego)或は「排除する」(secludo)ともいい得たであろう。しかし私は「協力」という表現を選んだ。これは「神は創造に当り自分に何らかの目的を立ててそれに従って事物を創造したのでないかどうか」、と問う人々に答える必要をなくすためである。その上、事態を一層よく説明するために、私は第二の定義を、即ち創造された物は神以外の何ものをも前提としないという定義を附加した。即ちもし神が自分に何らかの目的を立てたとしても、この目的はたしかに神の外にあるはずはなかったのである。神の外には神を行動へ駆るようなどんなものも存しないのだから。(二六)

偶有性と様態は創造されない。

第三に注意すべきは、この定義からして、偶有性や様態については何らの創造が有り得ないということが明白に帰結されることである。偶有性や様態は、神以外に、創造された実体を前提とするからである。

創造以前には時間も持続もなかった。

最後に第四に注意すべきは、創造以前には時間も持続も考えられず、むしろ時間や持続は事物と共に始まったということである。というのは、時間は持続の尺度であり、或はむしろ思惟の様態にほかならない。だから時間は、何らかの被造物を前提とするばかりでなく、また特に思惟する人間を前提とする。一方持続は、被造物が存在することを止めれば止んでしまい、被造物が存在し始めれば始まるのである。私は「被造物」というのは何となれば、すでに上に十分明瞭に示した通り、神には持続は属せず、ただ永遠性が属するだけだからである。故に持続は、事物がすでに創られたことを前提としており、或は少くとも事物が創られたのと同時である。これに反し持続や時間を被造物に先立つと想像する人々は、物質の外に空間を想像する人々と同じ偏見に捉われている。これは自明である。

創造の定義についてはこれだけにする。

世界を創造するのもこれを維持するのも同じ神の活動力である。

我々はここで、我々が第一部公理十で証明したことを再び繰りかえすまでもないのだが、改めて言えば、事物を創造するにはこれを維持すると同じだけの力を要する。換言すれば、世界を創造するのも、これを維持するのも、同じ神の活動力なのである。

以上の注意をして置いて我々は第二番に約束したことに移ろう。第一に、何が創造されたものであり、何が創造されないものであるか、第二に、創造されたものは永遠この方創造され得たかどうかを探求することである。

どんなものが創造されたものか。

第一のことについては簡単に答える。その本質が存在と切り離して明瞭に考えられしかもそれ自身で考えられるものは、すべて創造されたものである。例えば物質がそうである。物質は延長の属性の下に考えられる時に明瞭判然と考えられ、そして物質は存在してもしなくても我々は物質を等しく明瞭判然と考え得るからである。

神の思惟と我々の思惟とはどのように異なるか。

だが人は恐らくいうであろう。我々は思惟を存在ときり離しても明瞭判然と知覚するが、それにもかかわらず思惟を神に帰しているではないか、と。これに対して我々は答える。我々が神に帰しているのは、我々の思惟の如く受動的な、かつ対象の本性から規定されるような思惟ではなく、純粋に活動的な、従ってまた存在を含むような思惟なのである。これは先に十分くわしく証明した。というのは、神の知性や意志はその能力や本質と区別されぬこと、そして神の本質は存在を含んでいることを我々はすでに示しているからである。

神の外には、神と等しく永遠であるようなものは存しない。

このように、その本質が何らの存在をも含まないようないっさいのものは、存在するためには必然的に神によって創造されねばならず、またそれは我々が上に再三説明したように、創造者自身によって絶えず維持されねばならぬのであるから、我々は渾沌としての世界或は何らの形相を持たない物質としての世界が神と等しく永遠であり従ってまた独立的であると主張した人々の見解を反駁するのに長く止まる必要はないであろう。だから、第二の点に移り、創造されたものは永遠この方創造され得たかどうかを探究することにする。

ここで永遠この方という語は何を意味しているか。

この問題を正しく理解するためには、永遠この方(ab aeterno)というい方に注意せねばならぬ。我々はここではこの語によって、先に我々が神の永遠性について語った時に説明したとは全然異なることを意味させようとしているのである。即ち、我々はここでは、この語をただ始まりなき持続とのみ解するのである。或は、一定の年を数倍、否数万倍し、そしてその積をさらに数万倍しようとも、つまりどんな数、どんな大なる数を以てしようとも、決して表現し得ないような持続とのみ解するのである。

何ものも永遠この方創造されることはできなかったことの証明。

しかしそうした持続が存し得ないことは明瞭に分る。なぜというに、もし世界を現在の瞬間から再び逆行させると仮定しても、それは決してそうした持続を持つことができないであろう。従ってまた世界は、そうした始まりから現在の瞬間まで達することもできなかったはずである。人或はいうであろう。神には何も不可能なことがない。神は全能であり、従って神は、それ以上大なるものが存しないような持続を創ることもできたであろう、と。我々は答える、神は、全能なればこそ、それ以上大なるものが彼自身に創れない程の持続は決して作ることができないだろう、と。実際、持続の本性は、数と同様であって、与えられたものより常に一層大なる或は一層小なるものが考えられ得るようなものだからである。人は主張するであろう、神は永遠この方存在し、このようにして、現在の瞬間まで継続してきたのだから、それ以上大なるものが考えられないような持続は存するわけではないか、と。しかしこういう仕方によって人は神に持続を──部分から成る持続を帰することになる。これは、神に持続は属せずただ永遠性が属するのみであることを我々が証明した時にすでに十二分に駁したところである。もし人々がこのことを正しく考察してくれさえしたら、彼らは多くの無駄な議論や不条理から極めて容易に脱することができ、そして最大の喜びを以てこの実有の至福な観想のうちに留まり得たであろう。

しかし我々はさらに、或る人々によって提出される二、三の議論に答えることに移るであろう。それらの議論を以て彼らは過去からのそうした無限な持続(talis infinita duratio a parte ante)の可能性を示そうと試みているのである。(二七)

神が永遠であるからとて神の結果もまた永遠この方存し得るということにはならない。

彼らはまずこういう、「造り出されたものは、時間上、その原因と同時にあり得る。ところが、神は永遠この方あったのだから、神の結果もまた永遠この方造り出され得たはずである」と。その上彼らはこれを「永遠この方父によって造り出された神の子の例によって」確証する。しかし、前述のことから明らかな通り、彼らはこの際永遠性を持続と混同し、そして神にただ、永遠この方の持続を帰しているにすぎないのである。このことはまた、彼らが引用している例によっても明白である。なぜなら、彼らは、神の子に帰していると同じ永遠性が、被造物にとっても可能であることを認めているからである。さらに彼らは、時間や持続が世界の創造以前からあったと想像し、被造物から独立した持続を認めようとする。これはあたかも他の人々が、永遠性を神の外に認めようとするのと同様である。しかしこの両者とも真理から極めて遠ざかっていることは今や明白である。そこで我々は答える。神がその永遠性を被造物に伝達し得るという考えは極めて誤っている。また神の子は被造物でなく、むしろ父と同様永遠である、と。だから父は子を永遠この方産み出したと我々がいう場合、それは父が自分の永遠性を常に子と共にして来たという意味にほかならないのである。

神が必然性によって行動するとしたら、神は無限の力を持っていないであろう。

彼らは第二にこう主張する、「神は自由に行動する場合にも必然的に行動する場合より小さな能力を持つわけではない。しかしもし神が必然的に行動するとしたら、神は無限の力(virtus)を有する者であるが故に、神は世界を永遠この方創造せねばならなかったであろう」と。しかし我々がこの議論の根柢に注意するならこの議論に対してもまた極めて容易に答弁し得る。即ち、これらの善良な人々は、無限の力を有する実有について、種々の観念を有し得ると想定するのである。つまり神は、本性の必然性によって行動する場合にも、自由に行動する場合にも、共に無限の力を有すると彼らは考えるのである。しかし我々は、神が本性の必然性によって行動する場合にも無限の力を有するということを否定する。このことは我々が否定し得るばかりでなく、彼らといえども必ずこれに同意せねばならぬのである。最高完全な実有は自由に行動すること、そしてそうした実有は唯一としか考えられないことがすでに証明ずみの今では。しかしもし彼らが、「本性の必然性によって行動する神が無限の力を有するということは、たとえ不可能であるにもせよ、なお想定することはできる」というならば、我々は答えるであろう、そうした想定は、あたかも円を四角と想定した上で、その中心から円周に向って引かれたすべての線が等しくないと結論するのと同じく許し難いものである、と。そしてこのことは、我々がずっと前にいったことを繰りかえすまでもなく、今しがたいったことだけから十分明らかである。というのは、その二倍の持続或はそれより一層大きなまたは一層小さな持続が考えられないような持続は存しないことを我々は今しがた証明した。従って、無限の力を以て自由に行動する神は、常に与えられた持続よりも一層大きな或は一層小さな持続を創造し得ることになる。しかるにもし神が本性の必然性によって行動するとしたら、決してこうしたことにはならないであろう。その場合神は、その本性から結果する持続だけは自ら創り得るけれども、与えられた持続よりも一層大きな無数の他の持続は創り得ないからである。そこでこれを簡単な論証にまとめればこうなる。もし神が、それより大きな持続を自ら創り得ないほどの最も大きな持続を創ったとしたら神はそれで以て必然的に自己の能力を減少させたことになるであろう。しかしそういうことはあり得ない。神の能力は神の本質と異ならないからである。故に云々。その上もし神が本性の必然性によって行動するとしたら、神はそれ以上大なる持続を自ら創り得ないほどの持続を創らねばならなかったであろう。しかしそうした持続を創る神は無限の力を有するはずがない。我々は与えられた持続よりも常に一層大きな持続を考え得るからである。だからもし神が本性の必然性によって行動するとしたら、神は無限の力を有しないことになる。

この世界の持続よりも一層大きな持続の概念を我々はどこから得るか。　ここに次のような疑念を抱く人があるかも知れない。世界は五千余年以前に創られた(もし年代学者たちの計算が真なら)だけなのに、一体どこから我々はそれより一層大なる持続を把握し得るのか、持続は被造物がなければ理解し得ないとお前は主張したではないか、と。こうした疑念は、かかる持続は単に被造物の考察だけから理解されるのでなく、神の無限な創造的能力の考察から理解されるのであることに注意するなら、至極容易に除去することができるであろう。というのは、被造物はそれ自身によって存在乃至持続するものでなく、神の無限な能力によって存在乃至持続するものと考えられるからである。神のこの能力からのみ被造物はそのいっさいの持続を有するのである。第一部定理十二及びその系参照。

最後に、諸〻のつまらぬ議論に一々答えることによって時間を浪費しないように、我々はただ永遠と持続との間にある区別に注意し、また持続は被造物を離れては決して理解されず、永遠は神を離れては決して理解されないということを忘れないようにせねばならぬ。これらのことを正しく知っておけば、我々はどんな議論にも極めて容易に答え得るであろう。だから我々は、こうした議論に関してこれ以上長く止まる必要がないと考える。

第十一章

神の協力について

この属性については、いうべきことがほとんど或は全く残っていない。我々はすでに神が各〻の瞬間において絶えず事物をいわば新しく創造することを示した。我々はまたこれによって、事物がそれ自身では或る事をなしたり、自分自身を何らかの行動へ決定したりする能力を決して有しないこと、しかもこのことは人間外の事物についてだけでなく、人間の意志そのものについてもそうなのであることを証明した。さらに我々はこれに関係あるいくつかの議論にも答えた。なおそのほかにも多くの議論が通常出されているけれども、これらは主として神学に属することなのだから、ここでは立ち入らないことにする。

しかし多くの人々は、神の協力(concursus)を容認しながらも、これを我々が示したとは全く異なった意味で主張している。だから我々はここで、彼らの誤謬を容易に発見するために、我々が先に証明したことを顧みる必要がある。それは即ち現在の時間は未来の時間と何らの結合を持たないこと(第一部公理十参照)、そしてこのことは我々に明瞭判然と認識されるということである。このことに正しく注意しさえすれば、我々は、彼らが彼らの哲学にもとづいて提起しているあらゆる議論に対し、何らの困難なく答え得るであろう。

神の維持作用は事物を行動へ決定することとどのような関係を持つか。

だがせっかくこの問題に立ち入ったのだから、我々は序を以て次の問いにも答えるであろう。それは「神が事物を行動へ決定する場合、神の維持作用に何か或るものが加わるのかどうか」ということである。我々は、運動について語った時、すでにこれに関して或る程度答えている。というのは、神は自然において等しい運動量を維持することを我々は前に述べているからである。だから物質的自然全体を念頭に置く限り、維持作用に何の新しいものも加わっていない。しかし個々の事物に関しては、そこに或る新しいものが加わるともいえなくはない。このことが精神的諸現象においても起るかどうかははっきりしない。精神的諸現象の間に同じような相互の依存関係があるとは思えぬからである。最後に、持続の各部分は相互に何らの結合も持たないのであるから、神は本来、事物を維持するというよりも、各瞬間にこれを創造するのだという方が当っている。だからもし人間が今或る行動をなす自由を持っているとすれば、神はその瞬間に人間をそのように創造したのだといわねばならぬ。そして人間の意志がしばしば自分の外にある事物によって決定されるということ、また自然のうちにあるいっさい物は相互的に何らかの作用へ決定され合うということも、今いったことに矛盾するものでない。なぜなら、それもまた神によってそのように決定されているのだからである。即ち、ただ神の能力によるのでなくてはいかなる事物も意志を決定することができないし、またいかなる意志も自らを決定することができないのである。しかしこのことがどのようにして人間の自自と調和するのか、即ち神は人間の自由を保ちながらもどのようにしてそれをなし得るのかについては我々は知らないと自白する。これは我々のすでにしばしば語ったところである。

以上が神の属性に関して私のいおうと思った事柄である。私はこれまで神の属性については何らの分類をも与えなかった。

神の属性に関する一般の分類は事実の上の分類というよりもむしろ言葉の上の分類である。

著作家たちによってしばしば与えられているあの分類、即ち神の属性を伝達し得ないもの(incommunicabilia)と伝達し得るもの(communicabilia)とに分つあの分類[二八]は正直のところ、事実上の分類というよりも言葉の上の分類であるように思われる。神の知が人間の知と一致しないことは、星座の犬が吠える動物の犬と一致しないのと同じだからである。[二九]否その相違は恐らくもっと大なるものがあるであろう。

著者自身の分類。

そこで我々は次のような分類をする。神の属性には、一方には神の活動的本質(actuosa essentia)を表示するところの属性があり、また一方には、何ら活動を表示しないが神の存在様式を表示するところの属性がある。唯一性、永遠性、必然性等は後者に属し、知能、意志、生命、全能等は前者に属する。[三〇]この分類は十分明瞭で透徹的であり、また神のすべての属性を抱括する。

第十二章

人間精神について

これから創造された実体に移る。我々はこれを延長する実体と思惟する実体とに分類した。そして延長する実体とは物質即ち物体的実体のことと解し、これに反して思惟する実体とは単に人間精神(mens humana)のことと解した。

天使は形而上学の領域に属せず神学の領域に属する。

なおまた、天使も創造されたものであるけれども、天使は自然的光明によっては認識されないから、形而上学には属しない。天使の本質や存在はただ啓示によってのみ知られ、従ってそれは神学にのみ属するのである。神学的認識は、自然的認識と全く別であり、或は全然類を異にするものであるから決してそれと混同してはならぬ。だから我々が天使について何か語るだろうなどとは何人も期待すべきでない。

人間精神は他の何ものかから分れて生ずるのでなく、神によって創造されるのである。しかしそれがいつ創造されるかは知られない。

そこで我々は人間精神にもどる。これについてはいうべきことが若干残っている。しかしまず注意しておきたいのは、我々が人間精神の創造の時期について何も述べなかったことである。我々がそれを述べなかったのは、人間精神は物体なしにも存在し得るので、神がいつこれを創造するかが十分明らかでないためである。人間精神が他の何ものかから分れて(ex traduce)生ずるものでない[三二]ことは十分明らかである。なぜなら、そうしたことは産出される事物においてのみ、即ち実体の様態においてのみ起る。これに反して、実体自身は、産出される(generari)ことができず、ただ全能者によって創造され(creari)得るのみである[三三]。これについては前に十分証明した。

どんな意味で人間精神は可滅的であるか。

さて人間精神の不滅性についていささか語ることにする。我々はどんな被造物についても、神の能力によって破壊されないような不滅性がその本性に含まれているといい得ないことは確かである。事物を創造する能力を持った者は、これを破壊する能力をも持つからである。その上、いかなる被造物もその本性によっては一瞬間たりとも存在し得ず、むしろ絶えず神によって創造されるのであることを我々はすでに十分証明している。

精神はまたどんな意味で不滅であるか。

しかし事情はこうであるものの、我々は次のことを明瞭判然と知っている。それは即ち、我々は諸〻の様態の消滅や産出についての観念は持っているが、実体の破壊に関する観念は持っていないということである。例えば我々は、人間身体の機構を眼中に置く時、そうした機構が破壊され得るものであることをはっきり認識するが、物体的実体を眼中におく時は、それが同様の意味で破滅され得るものとは考えないのである。最後に、哲学者たる者は、神がその最高の能力によってなし得る事柄を問題とせず、神が自然に与えた諸法則にもとづいて自然を判断する。だから哲学者たる者は、そうした諸法則から推して確実で正当だと結論されることを確実で正当だと判断する(尤も彼は神がそれらの法則やその他のいっさいを変更し得ることを否定するわけではないけれども)。だから我々もまた精神について語るに当り、神がなし得ることを問題とせず、ただ自然の法則から生ずることを問題とする。

精神の不滅性は証明される。

　ところで、自然法則からの明瞭な帰結として、実体はそれ自身によってもまた創造された他の実体によっても破壊され得ないから――このことは、私の思い違いでなければすでに以前十分に証明した――、我々は自然の法則にもとづく限り精神の不滅であることを認めないわけにゆかない。そしてもし我々が事態を一層深く洞察しようとするなら、我々は精神の不滅性を極めて明瞭に証明し得るであろう。というのは、今しがた証明した通り、精神が不滅であることは自然の法則から明らかに帰結される。ところが自然のこの法則は、前述のことから極めて明瞭にわかるように、自然的光明によって啓示された神の決裁である。そして神の決裁が不可変的なものであることは、これまた我々のすでに証明したところである。これらすべてから我々は明らかに結論する、神は精神の持続に関する彼の不可変的意志を人間に、ただ啓示によってだけでなく、その上また自然的光明によっても告げたのだと。

神は自然に反して行動しない。むしろ自然を超越して行動する。そして著者はこれをどのように解しているか。

　これに対し、神は奇蹟を行うためにこれらの自然法則をしばしば破壊するではないか、と反駁する人があっても、それは当らない。事実、最も賢明な神学者たちの多くは、神が自然に反しては何ごともなさず、ただ自然を超越して行動することを容認している。これを私に説明させれば、神は行動に当り、人間の知性に伝達しなかった多くの法則をも持っていることになる。そしてこれらの法則は、もし人間の知性に伝達されていたとしたら、その他の諸法則と同様に、自然的なものであったはずである。

以上によって精神が不滅であることは極めて明瞭になる。そして私は、人間精神一般についてここでいうべき何ごとかが残っているとは思わない。またその機能についても、特にいうべきことが残ってはいなかったであろう、もし自らの見たり感じたりする事柄を見もせず感じもしないようにしようとつとめる或る種の著作家たちが、彼らの諸論拠を以て私を解答へ促すのでなかったとしたらならば。

なぜ或る人々は意志が自由でないと考えるか。

或る人々は、こう考えている、意志が自由でないこと、むしろ常に他のものによって決定されることを自分たちは示すことができる、と。そして彼らがこう考えるのは、意志を精神と異なる或るものと解し、その本性が単に無関心(in-differens)であるという点にのみ存するところの実体と見ているからである。我々はしかし、すべての混乱を避けるために、まず問題そのものの解明を先にすることにする。そうすれば、彼らの議論の誤っていることは容易に明らかになるであろう。

意志とは何か。

我々は前に、人間精神は思惟するものであるといった。このことからして、人間精神はその本性それ自体だけによって或ることをなし得ること、即ち思惟しうること、換言すれば肯定し否定し得ることになる。もともとこうした思惟は、精神の外にある事物によって決定されるか、または精神だけによって決定されるかである。精神だけによって決定されるというのは精神はそれ自身一つの実体であってその思惟する本質から多くの思惟的活動が生じ得るしまた生ぜねばならぬからである。人間精神のみをその原因に持つこうした思惟的活動は意志作用(volitio)と呼ばれ、またそうした活動を生ずるための十分な原因として見られる限りにおいての人間精神は意志(voluntas)と呼ばれる。

意志は存在する。

ところで精神が、何ら外部の事物によって決定されなくてもそうした能力を有することは、ブリダンの驢馬の例を用いて最も都合よく説明される。というのは、驢馬の代りに人間をそうした平衡状態においた場合、もしその人間が餓えと渇きのために死ぬとしたら、人間は思惟するものではなくて、あわれな驢馬と見なされねばならぬことになるからである。(三三) またこのことは次のことからも明らかである。即ち我々は、前にいった通り、すべての事物について疑がおうとしたが、その際疑い得るものを疑わしいものと判断しただけでなく、またそれを真でないものとして信じないことにしたのであった。デカルトの「哲学原理」第一部三十九章参照。

意志は自由である。

なおまた注意すべきは、精神はたとえ外部の事物によって或ることを肯定乃至否定するように決定されるとしても、それはあたかも外部の事物から強制されるようなふうに決定されるのでなく、むしろ精神は常に自由にとどまるということである。思うに、どんな事物も精神の本質を破壊する能力を持っていないのであり、従って精神は、その肯定し乃至否定するものを常に自由に肯定し乃至否定するからである。これは「省察録」第四の中で十分説明されているところである。それでもし人が、何故に精神はこれやあれを意志したりまたこれやあれを意志しなかったりするのかと問うならば、我々はその人に答えるであろう、それは精神が思惟するもの、換言すればその本性上意志したり意志しなかったり、肯定したり否定したりする能力を有するものだからだと。事実、思惟するものとはそうしたものなのである。

意志を欲望と混同してはならない。

これだけ説明しておいて我々は反対者たちの論拠を観察しよう。第一の論拠は次のようである、「もし意志が知性の最後の命令に反して意志し得るなら、即ち意志が善に反することを——知性の最後の命令によって規定された善に反することを欲求し得るなら、意志は悪を悪として欲求し得るであろう。しかしこの結論は不条理である。故にその前提も正しくない」と。この論拠から見れば、彼らが意志のどんなものであるかを理解していないこと明白である。即ち彼らは意志を、欲望(appetitus)——それは精神が或るものを肯定乃至否定した後で精神の中に生ずる——と混同している(三四)。彼らはこの点、意志を「善を考慮しての上の欲望」と定義した彼らの師(三五)を踏襲したのである。これに反して我々は、意志とは「或ることが善であることを肯定乃至否定すること」であるという(このことは誤謬の原因に関連して我々がすでに以前十分説明したところであり、その際我々は、誤謬は意志が知性よりも一層広い範囲に及ぶことから生ずることを証明した)。もし精神が自らの自由にもとづいて、或ることが善であることを肯定しなかったとしたら、精神は何事をも欲求しなかったであろう。そこで我々は彼らの論拠に対して答える。我々は、精神が知性の最後の命令に反して何ごとをも意志し得ないということ、換言すれば、精神は意志しないと想定される限り何ごとをも意志し得ないということは容認する(今の場合はそれである、何故ならこの場合、精神は或ることを悪と判断した、つまり或ることを意志しなかったことになるから）、しかし我々は、精神が悪であるところのものを絶対に意志し得ないということ、換言すれば、そうしたものを善と判断し得ないということは否定する、と。後者は経験そのものに反するからである。実際我々は悪である多くのことを善と判断し、反対に善である多くのことを悪と判断しているのである。

意志は精神自身以外の何ものでもない。

第二の論拠（第一の論拠といってもよい。前のは論拠というほどのものでなかったから）はこうである、「もし意志が実践的な知性の最後の判断によって意志作用に決定されないとすれば、意志は自分自身を決定するわけである。しかし意志はそれ自身で、即ちその本性上、不決定《インデイテルミナタ》なものであるから、自分自身を決定することはない」。こうした見方に立って彼らは次のように論を進める、「もし意志が、それ自身で即ちその本性上、意志し乃至意志しないことに無関心《インデイフエレンス》（不決定）であるとすれば、意志は自分自身を意志作用に決定することができない。なぜなら、決定されるものが決定されていないものであるように、何ものかを決定するものは決定されているものでなければならぬ。ところが意志は、自分自身を決定するものと見られる場合も、それが決定されるものと見られる場合と同じく、決定されざるものである。というのは、反対者たちは決定する意志の中にも、決定される或は決定された意志の中にと同じことしか仮定していない。そしてそれ以外の何ごともここには仮定され得ないのである。だから意志は自分自身を意志作用へ決定することができない。もし自分自身を決定し得ないなら、他のものによって決定されねばならぬ。」

これはライデンの教授ヘーレボールド(三六)の言葉である。この言葉で十分示されている通り、彼は意志を精神そのものとは解せず、精神の外或は精神の内にある或るもの、空白な画板(tabula rasa)のようにあらゆる思惟を欠きどんな絵をも受け入れ得るところの或るものと解している。或はむしろ、ちょっとでも重さが加わるとどちらか一方へ即ち附加された重さのかかる方向へ傾くような平衡状態にある重量と解している。或は最後に、彼自身も他のどんな人間もいかなる思惟を以てしても捉え得ないところの或るものと解している。

これに反して、我々はすでに意志が精神そのものにほかならないこと、換言すればいわゆる思惟するもの、即ち肯定し否定するものであることを述べた。否、明瞭に示した。これからして、精神の本性だけに注意する限り、我々は、精神が肯定し否定する等しい能力を持つことを明瞭に帰結する。思惟するとはまさにそうしたことなのだからである。そこでもし我々が、「精神は思惟する」ということから推して精神は肯定し否定する能力を持つことを結論するとすれば、なぜ我々は、精神の本性のみから説明できる事柄について、外部から作用する原因を求めるのであろうか？　しかし人はいうであろう、精神そのものは肯定にも否定にも決定されていない、と。そして人はそこから結論するであろう、我々は精神を決定する原因を必ず求めねばならぬ、と。しかし私はこれに対してこう駁する。もし精神が自分自身で即ちその本性上、単に肯定するようにのみ決定されるとしたら(我々が精神を思惟するものと考える限りこうしたことを想定するのは不可能であるけれども)、その場合精神はその本性上単に肯定しうるのみで、たとえどんなに多くの原因が加わっても決して否定することができないであろう。またもし精神が肯定にも否定にも決定されないとすれば、精神はそのどちらをもなすことができないであろう。しかしもし精神が我々の今しがた示したように、その両方をなす能力を持つとしたら、何ら他の原因の助けなしにも、その本性だけによって両方をなすことができるであろう。これは思惟するものを思惟するものとして考えるすべての人々にとって、即ち思惟の属性と思惟するもの自身とを——この二つはただ理性によってしか区別されない——決して分離しないすべての人々にとって明白であろう。我々の反対者たちはこのような分離をしているのであって、彼らは思惟するものからすべての思惟を奪いとり、これをかの逍遙学派哲学者たちの第一質料(materia prima)と考えているのである。こうした次第で私は論者の論拠に対して——しかもその大前提に対して——次のように答える。もし彼が意志をばいっさいの思惟を奪われたものと解するなら、意志がその本性上不決定なものであることを我々は容認する。しかし意志がいっさいの思惟を奪われた或るものであるということを我々は認めない。反対に我々は、意志は思惟である、即ち両者つまり否定と肯定に対する能力である、と主張する。そしてこの能力は実際否定と肯定に対する十分な原因としてしか解することができないのである。その上、もし意志が不決定なものであるとしたら、即ちいっさいの思惟を奪われたものであるとしたら、神とその無限の創造能力以外には、何らかの外来的原因が意志を決定し得るということを我々は認め得ない。実に、何らの思惟なき思惟者を考えるのは、延長なき延長物を考えようとするのと同じことなのである。

なぜ哲学者たちは精神を物体的なものと混同したか。

最後に私はここで、もっと多くの論拠を検討する必要のないように、ただ次のことに注意しておく。それは、我々の反対者たちは意志を理解せずまた精神についての明瞭判然たる概念を持たなかったために精神を物体的なものと混同したということである。これは彼らが、通常物体的なものに対して用いている言葉を、彼らのよく理解しない精神的なものを表すのにも用いたことから起った。即ち彼らは、或る種の物体——等力的かつ相反的な外部の諸原因から反対の方向へ押されその故に平衡状態にある物体——を不決定的《インデテルミナタ》なものと呼びなれていた。そこで彼らが意志を不決定的なものと主張する場合、彼らは意志をも、平衡状態におかれた物体と同様に考えているように見える。そしてそれらの物体は、外部の諸原因から受けとった以外の何ものをも持っていないから(そしてこの故にそれらのものは常に外部の原因から決定されねばならぬことになる)、同じことが、意志についてもあてはまると考えるのである。しかし我々は事の真相がどうあるかをすでに十分説明したから、ここではこれに立ち入ることをしない。

なおまた、延長せる実体についても我々は前にすでに十分論じた。そして我々はこれら二つの実体以外に何ら他の実体を認めない。実在的偶有性(三七)や他の諸性質についていえば、そうしたものはもう十分排斥されており、今さらこれを反駁するのに時間を費す必要がない。だから我々はここでペンをおくことにする。

終り

哲学原理第一部、第二部及び第三部に含まれている定理、補助定理及び系の索引

第一部

第二部

なに遅くAに向って運動しても、Bは Aを一緒に運動させるであろう。即ち、Bは自己の運動の一部分をAに伝え、両者はその後等しい速さで運動するであろう……………一三六頁

定理三十(第六の規則)、もし静止している物体Aが、Aに向って運動する物体Bと正確に等しいとすれば、AはBのため幾分推しやられ、またBはAのため幾分反対の方向へ推し返されるであろう……………………………一三七頁

定理三十一(第七の規則)、BとAとが同じ方向へ運動し、しかもAは遅く、BはAを追跡しながらAより速く進行して、ついにBがAに追突するものとする。この際もしAはBより大であるが、Bにおける速度の超過がAにおける大いさの超過よりも大であるとすれば、BはAに自己の運動の一部を伝え、両者はその後等しい速さで同じ方向へ進行するようになるであろう。これに反して、もしAにおける大いさの超過がBにおける速度の超過よりも大であるとすれば、BはAのため反対の方向へ撥ね返され、しかも自己の全運動を保つであろう…………………………………一三八頁

定理三十二、もし物体Bが、運動する微小物体群〔粒子群〕によって周囲をとりまかれかつそれからあらゆる方向へ等しい力で同時に押されるとすれば、他の何らの原因の加わらない限り、Bは不動のまま同じ場所に止まるであろう…………………一四〇頁

定理三十三、物体Bは、上と同じ事情の下では、どんな小さな力が加わっても、あらゆる方向へ運動させられ得る……………………………一四一頁

第三部

附録の第一部及び第二部に含まれている章と項の索引

第一部

第一章 実在的有、虚構的有及び理性の有について

第二章

本質の有とは何か。存在の有とは何か。
観念の有とは何か。可能の有とは何か。

第三章

必然的、不可能的、可能的及び偶然的とは何かについて

第　四　章

持続と時間について

第五章　対立、順序等について

第六章　一と真と善について

第二部

第一章　神の永遠性について

第二章　神の唯一性について

第三章

神の広大無辺性について

第四章

神の不変化性について

第五章　神の単純性について

第六章　神の生命について

第七章

神の知性について

第八章

神の意志について

第九章　神の能力について

第十章　創造について

第十一章

神の協力について

第十二章　人間精神について

註

マイエルの序文

番号

(一) デカルトは「省察録」を出版する前その稿本を諸学者に示して批評を乞い、これを自らの答弁と共に「省察録」に附した。全部で六つ(後にさらに一つ加わる)ある。「第二答弁」はメルセンヌの集めた駁論への答弁である。

(二) 逍遙学派哲学とはアリストテレス学派の哲学を指し、その信奉者たちとはスピノザの当時においてはしばしばスコラ学者——ことに十六七世紀の新スコラ哲学者たちを意味している。

(三) 弟子の一人とはラインスブルフ時代スピノザと同宿していた神学生ヨハネス・カセアリウスのことである(本書解説の始めの方参照)。

(四) 「省察録」の中の「第二答弁」(訳者註一参照)の終りに附せられたいわゆる「幾何学的な方法で配列されたる、神の存在及び精神と身体との区別を証明する諸根拠」である。これはデカルトが「省察録」の思想内容の中核を定義、要請、公理、定理の形で配列し論証したものので、彼の概念規定や思考形式の正確な表現として重要なものである。スピノザは本書の初め(三三頁以下)においてこれをほとんどそのまま採用している。その個々については本書におけるそれぞれの個所への訳者註参照。

（五）この仕事とは「エチカ」を指す。彼は一六六二年すでに「エチカ」の仕事を始めている。

（六）マイエルのこの序文の終りには、初め或る人間——それが誰であるか今となっては不明——に対する強い非難の言葉が書かれてあった。それがスピノザの希望で取り除かれ、その代り以下のような文が入れられたのである。この経緯については「スピノザ往復書簡集」十五参照。

（七）これは一六六三年の初版に対する注意であり、後世の版ではこの点は訂正されているこというまでもない。

（八）デカルトの名がルネ即ちレナトゥス（再生を意味する）であることにかけていっている。

（九）I. B. M. D. とは「医学博士ヨハネス・バウメーステル」の頭文字である。バウメーステルはスピノザの友人の一。彼の人となりについては拙訳「スピノザ往復書簡集」の解説参照。

第一部

（一）数学的秩序による叙述方法を甚だ好んだ彼であるが、ここはそうした方法が時に彼の思想を表現する十全的な手段であり得ないことを彼自ら認めている個所として注目される。同じ趣旨のことが「エチカ」第四部定理十八備考の始めの方にも述べられている。

（二）「私は思惟する、故に私は存在する」の命題が大前提の隠された三段論法でないことは、既にデカルトの「第二答弁」の中で触れられているが、これをさらに「私は思惟しつつ存在する」と同義の単一命題と解釈したのはここに見るようにスピノザである。

(三)　この反駁は神の存在の認識と明瞭判然たる認識一般との間に循環関係のあること(いわゆるデカルト循環 cercle cartésien)を衝いたもの。これに対してスピノザはこの緒論の中で一応デカルトの答弁を揚げた上、それを不備なものとして、さらに補正したのである。即ちデカルトは、明瞭な認識の確立のためには神の存在の認識を必要としたのに対し、スピノザは、我々のうちにおける神の観念の存在を以て足るとしたのであった。こうした考え方をスピノザはすでに「知性改善論」七十九で展開している。

(四)　以上の緒論の十分な理解のためには「省察録」と「哲学原理」、特に前者の一、二、三、四、後者の一――七、三一――四四等参照。

(五)　以下の定義十個はすべて、ほとんど文字通りデカルトの「第二答弁」の終りに附せられた「諸根抛」からの再録である(但し第四定義の後の注意はスピノザ自身のもの)。

(六)　物が現実として精神の外に実在する場合には formaliter に存するといい、物が思惟内容(観念)として精神の内に存する時には objective に存するという。前者は一般に形相的と訳されるが、後者についてはまだ定まった訳語がない。仮に想念的としておく。

(七)　形相的(formaliter)及び優越的(eminenter)という一対のタームの意味は次の注意及び公理八から明らかである。即ちここの形相的という語は、前述の想念的(objective)と対立する場合の形相的とは異なった意味である(拙訳「短論文」一ノ一註九参照)。

(八)　バリング版(一六六四年出た蘭訳)ではこの「私はここで霊魂と言わず精神という……からである」という附加文を除き、その代りに次の文章を附している。

〈デカルトがこの定義に附加している一文は単に「精神」(mens) と言う言葉に関したものである。この mens という言葉はラテン語では二義的ではないし、また物体的な或るものを意味しもしないから、彼の考を一層明瞭に表現することが出来るというのである。しかし我々の国語〔オランダ語〕には、同時に物体的な或るものを意味しないような言葉がみつからないので、一の言葉が他の言葉より一層明瞭に意味を表現するということはない。それでデカルトの附加文をここに訳すことは無用だったのである。〉

(九) この要請はデカルトでは「第二答弁」における前記諸定義の直後に記されてあり、全部で七つある。ついて見られたい。

(一〇) 以下の三つの公理はスピノザの附加である。

(一一) 以下の定理一—四はデカルトの中に顕在的に、或は潜在的にある思想をスピノザが命題化したものである。

(一二) ここ及び以下に頻出するQ・E・D・とは Quod erat demonstrandum の略で「これが証明さるべきことであった」の意。ユークリッドの幾何原本以来の慣用語。

(一三) ここでスピノザはデカルトが「第二答弁」の中で立てた公理十個のうち八つを採用し、その配列順序を彼なりに変更している。即ちここの公理四、五、六、七、八、九、十、十一はそれぞれデカルトの公理六、七、十、三、四、五、二、一、に当り、デカルトの公理八と九は捨てている(訳者註十七参照)。なお以下で各公理の後に附されている説明——時に甚だ詳細な——はいずれもスピノザが特に附したものである。

(一四) 以下については「スピノザ往復書簡集」四十の中段参照。

(一五) 次の定理五、六、七(とその最後の系)及び八はそれぞれデカルトの「第二答弁」の中の定理一、二、三(とその系)及び四を採用したものである。但し定理七(デカルトの定理三)の証明だけは全く書き変えられている(また備考はどの定理のものももちろん皆スピノザの附加)。なお訳者註十七参照。

(一六) 前掲定理六の証明の中段参照。

(一七) スピノザは神の存在に関するこの定理七(デカルトでは定理三)のデカルトによる証明が不備なものであることをこの備考で説き、その後で独自の証明を示している。今我々がこの備考を理解するためには、この備考で論難の対象となっているデカルト自身の証明の構成の大体を知らねばならぬであろう。即ちデカルトは、この定理の証明の始めに、彼の公理八及び九、即ち「一層大きなこと或は一層困難なことをなし得るものはまた一層小なることをもなし得る」及び「実体を創造し或は維持することは、実体の属性を創造し或は維持することよりも一層大きなことである」にもとづき、「もし私が私自身を維持する力を持っているとしたら、私はまた私に欠けているすべての完全性を私に与える力をも持っているであろう」という前提を立て、しかるに実際は「私はこうした力を持っていない」のだから、それからして、「私は私自身を維持する力を持たない」こと、従って「私は他のものによって維持されている」ことを帰結し、そしてこの「他のもの」が神であるとなし、以て神の存在を証明しているのである。スピノザはまずこの二つの公理が絶対の真理でないことを説明し、それにもとづいて立てられた前記の前提の妥当でないこと、従ってこの定理の証明全体が保持すべからざることをこの備考で説いたのである。

(一八) この引用句は、デカルトが、神の存在に関するこの定理の証明の冒頭に据えた前提である。前註参照。

(一九) 以下の定理九から二十一までは主としてデカルトの「省察録」や「哲学原理」にもとづいてスピノザが命題化したものであるが、中にはデカルトにははっきりと出ていない思想もしばしば見られる。

(二〇) スピノザは本書でデカルト哲学を祖述しているので、延長は神の属性でないというデカルト説をそのまま述べているのは当然であるが、もともとその反対説が彼本来の主要教説の一なので、デカルト説を述べながらもどこかに自説を匂わしているところがある。この傾向は本書附録の「形而上学的思想」第一部二章にも見られる。

(二一) テキストには「必然的な存在を」の後に「或は少くも可能的な存在を」(sive minime possibilem)と入っているが、これはない方がよい。何かの手違いで入ったものであろう。

(二二) なおこの証明については「形而上学的思想」二ノ二を見よ。

(二三) 「哲学原理」一部二十一、二十四参照。

(二四) 「省察録」三、「哲学原理」一部二十九参照。

(二五) この明瞭判然知の規則に関しては「省察録」三、「哲学原理」一部三十参照。

(二六) 誤謬に関するこの備考の十分なる理解のためには「省察録」四、「哲学原理」一部三十一

―三十八参照。なお誤謬は人間に関しては欠如であるが神に関しては否定であるというこの主張については、後でスピノザとブレイエンベルフの間に繰り返し質疑が行われた。「スピノザ往復書簡集」一九―二二参照。

(二七) 神の予定に関するこの命題は「哲学原理」一部四十に出ているが、そこでは神の予定と人間の自由との調和が問題とされつつ、ここで見るように力強くは証明されていない。

(二八) 物体の存在に関しては「省察録」六、「哲学原理」二部一及び二、「第二答弁」の中の定理四(本書の定理八)参照。

第二部

(一) この要請に関してはデカルトの「第二答弁」の終りに附せられた要請、特にその六参照。なおまたデカルトの「哲学原理」一部四十三、四十七、七十五を見よ。

(二) 以下の諸定義は、本書第一部にある諸定義と異なり、デカルトにこのままあるのでなく、スピノザが幾何学的叙述のため、デカルトの「原理」第一部及び第二部にある思想にもとづいて自ら作成したものである。

(三) 運動の定義については「原理」二部十三及び二十五―三十一参照。

(四) 進行する舟の中にいる人は対岸から見れば場所を変えているが舟から見れば場所を変えていない。

(五) 定義九については「原理」二部三十三参照。

(六) 以下の諸公理も、デカルトの「原理」一部と二部にある思想を基礎とし、それにスピノザ自身の考えやユークリッドの公理を加えて立てられたものである。

(七) 公理二については「エチカ」二部定義二参照。

(八) 公理六及び七についてはデカルトの実に多くの個所が関係する。わけても「原理」一部四十八、五十三、五十五、六十五、六十八、六十九、七十参照。また本書のこの部の定理二の証明をも参照せよ。

(九) affectio は中世以来のタームでいろいろな意味に用いられているが、デカルトやスピノザでは広く modus(様態)と同義に、また情態(状態)、性質、変状、規定等の意味に用いられる。拙訳「エチカ」では他語との関連上「変状」と訳し、「書簡集」では一般的にわかりやすく「状態」または「性質」と訳したが、本書では二部定理十四以後頻出する status の訳語の「状態」と一応区別するため原則として「情態」の訳語をあてておいた。

(一〇) 公理十及び十一の理解のためには「原理」二部二十一、二十二及び本書のこの部の定理六証明参照。

(一一) 公理十六については「原理」二部三十四及び本書のこの部の定理十一証明参照。

(一二) 「原理」二部五、六及び七参照。

(一三) 「原理」二部四〇。

(一四) 「原理」二部四及び九。

(一五) 〈 〉印はその中の文句がバリング版からの補充であることを示す。解説の終り参照。

（一六）「原理」二部十六、十七及び十八参照。

（一七）「原理」二部十九参照。

（一八）「原理」二部二十参照。

（一九）「原理」二部二十一及び二十二参照。

（二〇）Diogenes Laertius VI. 39 参照。

（二一）以下にあるのはゼノンの証明その通りというよりはスコラ学派がゼノンにもとづいて作り上げた証明と見られる。

（二二）クレルスリエ(Clerselier)編デカルト書簡集第一巻中の書簡一一八。

（二三）この定理七から八、九、十、十一までは「原理」二部三十三、三十四、三十五参照。

（二四）スピノザ自身はこれと反対意見である。「知性改善論」八十七参照。

（二五）或る物体には他の物体と結合し或は分離しようとする隠れた性質(qualitas occulta)がありこれによって人間に同感(先入的好感)或は反感(先入的反撥感)なる感情が生ずるとするスコラ的考え方への反駁である。「エチカ」三部定理十五備考参照。

（二六）真空には一種の牽引力がありこれによって真空は常に物体に充たされるとする説への反駁である。

（二七）この定理及び次定理については「原理」二部三十六参照。

（二八）デカルトの第一自然法則であり、いわゆる慣性(惰性)の法則である。「原理」二部三十七参照。

（二九）デカルトの第二自然法則であり、これも一種の慣性の法則である。この定理十五及び十六、十七については「原理」二部三十九参照。
（三〇）この証明はスピノザの附加。デカルトにはない。
（三一）定理十八―二十二はデカルトの第三自然法則であり、物体の衝突に関するものである。「原理」二部四十―四十五参照。デカルトの規定は衝突する二物体が剛体（完全な固体）であることを前提としているのに（「原理」二部四十五、五十三）スピノザはここでなぜかこの点にはふれていない。なお前述第一及び第二自然法則が結論としては現代の物理学と合致するに対し、この第三自然法則は合致しない。
（三二）本書でしばしば引用されるこの系については「原理」二部四十二及四十四参照。
（三三）これを一般的にいえば、運動の力（運動量）は運動する物体の質量と速度の積に等しいということになる。即ち公式で示せば vis＝m×v となる。
（三四）この定理はその証明にもある通りいわば第一自然法則の結論にほかならない。
（三五）以下は第三自然法則（衝突の法則）の種々な場合の規則である。この定理については「原理」二部四十六参照。
（三六）「原理」二部四十七参照。
（三七）この定理はスピノザの附加。なお「原理」二部五十二参照。
（三八）テキストには「速さ」でなく「運動」（motus）とある。
（三九）「原理」二部四十八参照。

(四〇) 「原理」二部四十九参照。
(四一) 「原理」二部五十参照。
(四二) ゲプハルト版や諸外国訳は皆定理十七の系となっているが定理十七には系はない。これは定理二十七の系の誤りである。
(四三) 「原理」二部五十一参照。
(四四) 「原理」二部五十二参照。
(四五) 「原理」二部四十五、五十三参照。
(四六) この定理及び次定理については「原理」二部五十六、五十七参照。
(四七) ゲプハルト版には公理二十九とあるがこれは公理二十の誤りである。
(四八) 「原理」二部六十参照。
(四九) 「原理」二部五十九参照。
(五〇) この定理はデカルトには見当らないようである。
(五一) この定理は定理三十三の転換命題でデカルトには出ていない。

第三部

(一) 以上については「原理」三部四参照。
(二) 「原理」三部四十五参照。
(三) 「原理」三部四十二参照。

(四) デカルトが自己の宇宙進化論を単に仮説と名づけ、事実はこの通りでなかったかも知れぬとしばしば断っている一因は、それが聖書の造化説と矛盾するからである。もし自説をあくまで真理として主張すれば、彼は教会から非難を受けるに至るべきを恐れたのであった。

(五) ブヘナウはその独訳の註の中で仮説に関する上述の説をスピノザの附加とし、スピノザの繊細な数学的理解を示すものだといっている。しかし上述の説はほとんどそのまま「原理」三部四十七に出ているのである。

(六) 「原理」三部四十八。

(七) 上述の説は「原理」三部四十七でなく四十六に出ているのである。

(八) 文字通りには「運動への努力」(conatus ad motum) とある。「形而上学的思想」一ノ六にも「運動する努力」(conatus se movendi) なる表現がある。

(九) この定理及び次定理については「原理」三部四十八参照。

附　録

第 一 部

(一) スピノザ著「形而上学的思想」と新スコラ哲学との関係は、解説に述べた通り、フロイデンタールによって初めて明らかにされたのであり、これは Philosophische Aufsätze, Eduard Zeller gewidmet の中の Spinoza und die Scholastik なる論文で説かれている。

(二) スコラ哲学者、ことに新スコラ哲学者たちは形而上学(この場合主として本体論を意味する)を一般部門と特殊部門に分ち、そして一般部門では有とその情態について論ずるのが常であった。以下における本書の構成はこれに従ったものである。

(三) キマイラとはギリシャ神話に出てくる怪物で、獅子の頭と山羊の体と竜の尾を合せた形をしている。およそ荒唐無稽なものの代表語として用いられる。なお一六一頁の原著註参照。

(四) 虚構的有については「知性改善論」五十一以下参照。

(五) これについては「スピノザ往復書簡集」十二参照。

(六) 動物精気(spiritus animales)。血液のうち、心臓内で熱のため稀薄にされた最も精妙敏捷な部分。身体の運動や感覚や感情はこの精気の運動を介して生ずるとされる。主としてデカルトによって発展させられた仮説。

(七) スコラ学者たち、特にヘーレボールドは有を実在的有と理性の有に分けた。そして理性の有は実在的有でもなく、また純粋の無でもなく、その中間者だとした。

(八) こうした注意は「短論文」(二部四章)や「エチカ」(二部定理四十九備考)でもしばしばなされている。

(九) 「短論文」の附録及び初期のスピノザ書簡では様態(modi)なる語の代りに偶有性(accidentia)なる語を用い、有は実体と偶有性に分類された。しかし今ここで「偶有性」なる語を捨て、以後スピノザでは「様態」の意味における「偶有性」という語は全然使われないようになった。

(一〇) こうした検討はスアレス、シャイブラー、ヘーレボールドにも見られる。

(一一) 本書主部の第一部定理九備考への註でも述べたように、スピノザはデカルトに従って、延長が神に属しないといいながらも、その言を或る意味で保留して、延長を神の属性とする自説を匂わせざるを得ないのである。

(一二) 有(ens)の概念の探究の後では有の諸情態(affectiones)について論ずるのがスコラ学者、例えば、スアレス、シャイブラー、ブルヘルスダイク等の常であった。スピノザもこの方式に倣って有のaffectioとされる若干の概念について以下に論ずるのである。

(一三) 例えばブルヘルスダイクやヘーレボールド。

(一四) 可能と偶然が我々の知性の欠陥を示すものにすぎないことは、本書でしばしば強調されているが、これについてはなお「エチカ」一部定理三十三備考一参照。

(一五) 可能及び偶然に関するほとんど同じ定義が「エチカ」四部の始めにもある。

(一六) スピノザはここで持続を事物の存在の情態(affectio)とではなく特に事物の存在の属性(attributum)と名づけている。これはデカルトが「原理」一部五十六の終りで要求したところに従ったものであり、その限りにおいては正しい。しかし後(二部一章)ではまた「情態」と名づけている。デカルトにしてからが「原理」一部五十五で持続にこと同様の定義を与えながら持続を様態(modus)と名づけ、また四十八では情態(affectio)、四十九でも性質(qualitas)或は様態(modus)と名づけ、一定していない。

(一七) デカルトの「原理」一部六十二で同じ趣旨のことが述べられている。

(一八) 時間については「エチカ」二部定理四十四備考、デカルトの「原理」一部五十七参照。
(一九) これについてはさらに二部一章や「スピノザ往復書簡集」十二参照。
(二〇) こうした諸概念の検討はブルヘルスダイクの「論理学教程」にも出ている。
(二一) 超絶的名辞とは極めて一般的なためアリストテレス的範疇をも超越する名辞をいう。トマス・アクイナスはこうした名辞を六つ挙げている。即ち有、物、或る物、一、真、善がそれである。「エチカ」二部定理四十備考一では、このうち前の三者についてふれているが、本書の以下では後の三者について論じている。
(二二) 「スピノザ往復書簡集」五十参照。
(二三) この黄金の例はスアレスから採られたものとフロイデンタールは考証している。
(二四) 善悪に関するスピノザの考えについては就中「短論文」一部六章、一部十章参照。
(二五) サムエル後書十七章。
(二六) 「エチカ」三部定理七参照。

第二部

(一) スコラ派哲学者たちは形而上学の特殊部門においては神、その属性、天使、人間精神、諸の偶有性などについて論ずるのが常であった。スピノザもこれに従ったのであるが、しかし天使は神学に属するし(二部十二章の初め参照)、また偶有性は彼の関心事でないからこれは論じていない(二部一章の初め及び二部十二章の終り参照)。

(二) 形相または実体的形相とは物における可能性としての質料と対立し、物の実体を現実に生ぜしめる所以のもの。アリストテレス的スコラ的自然学は物を生産する神秘的能力としてのこの実体的形相によってあらゆる自然現象を説明しようとした。デカルトの数学的機械論的自然学はこうした「実体的形相」「隠れた力」等の超物理的原理による自然現象の説明を排撃する。

(三) またスコラ的自然学では、事物の性質のうち或るもの、例えば色とか臭とかの感覚的性質は、それが属する事物と離れて実在性を有するとした。彼らはこれを実在的偶有性と名づけた。デカルトやスピノザはこれをも排撃する。

(四) 以下に論ぜられている神の属性——勿論スピノザ本来の意味における属性ではない——は永遠性、唯一性、広大無辺性、不変化性、単純性、生命、知性、意志、能力、創造、協力の十一である。これとほぼ同じ属性が新スコラ学哲学者、例えばスアレス、ブルヘルスダイク、ヘーレボールド等にも論ぜられている。スピノザは多少順序を変えてそれに従ったのである。

(五) 第一部四章では持続は事物の存在の情態 (affectio) とでなく事物の存在の属性 (attributum)と名づけられている。その個所への訳者註参照。

(六) このバリング版からの補充(〈 〉の中の句)は、内容的に前文とほぼ同じであって、ゲプハルトの主張するように前文の拡張(Erweiterung)とはいえぬであろう。従って両方を共に存する要はなく、その一方だけでいいと思われる。

(七) この二つの論証はブルヘルスダイクの「形而上学教程」に見出されると考証される。

(八) この論証は本書の主部の第一部定理十一の証明と趣を同じくし、ドン・スコツスから取られたものとされる。しかしスピノザも後でこれをもの足りなく思い、バリング版に別な論証を附加したのであろう。

(九) 以下の論証がこのままほとんど文字通りにブルヘルスダイクの「形而上学教程」に出ていると考証される。

(一〇) この三種の区別はすでにペトルス・ロンバルドス(一一六四年死)に出ており、さらにトマス・アクイナスによって展開されていると考証される。

(一一) 変化に関する一般の分類というのは誰による分類を指すか明らかでない。ヘーレボールドによるものと考える学者もありスアレスによるものと見る学者もあるが、共に十分な確証はない。

(一二) 同じ事柄が本書主部の第一部定理十七ではもっと簡単に証明されている。

(一三) アリストテレスのこの引用や解釈は必ずしも正確でないので、スピノザが果してアリストテレスのこの章を自ら読んだのかそれとも孫引かは不明であるとされる。

(一四) 「形而上学的思想」一部六章や「エチカ」三部定理七では事物における自己保存の力と事物自身とは異ならないものとしている。

(一五) 解説でも触れたように、バリング版の補遺にはしばしばスピノザ独自の思想が含まれている。今の個所はその最も著しいものの一つであり、原因の分らない度毎に神の意志を引合に出す人々を「無知の避難所」へ逃れるものとして非難する彼一流の考えがすでにこの個所にハッキリ示されている。

（一六）「知性を能力として持たない」というのは「可能的知性を持たない」と表現してもよい。「知性」の状態を「現実的知性」と「可能的知性」との二つに分ち、神においては能力と現実が常に一致するから神の中には「現実的知性」のみを認めて「可能的知性」を認めないことは、アリストテレス以来一般に容認された思想である。「エチカ」一部定理三十三備考二後半参照。

（一七）神は普遍的な物のみを認識し個物を認識しないという説に対するスピノザの反駁は「短論文」一部六章後半に示されている。

（一八）神の観念の単一性については「エチカ」二部定理三—四参照。

（一九）神学での説明によれば、三位一体の神——父なる神、子なる神、聖霊——は各〻一個のペルソナ（位格）、即ち自らの本質の中に知性と自由意志を具えた独立の完備した実体であるとされる。このペルソナであること、またはペルソナである性質がペルソナリタス（位格性）である。

（二〇）レビ記十八ノ二十五、十八ノ二十八、二十ノ二十二。

（二一）出エジプト記十四ノ二十一。

（二二）こうした考察はスアレスやヘーレボールドにあると考証される。

（二三）列王紀上十三ノ二。

（二四）以下のような神の能力の分類はトマスやスアレスにはあるがブルヘルスダイクやヘーレ

ボールドにはないとされる。

(二五) こうした諸問題は他の新旧スコラ学者たちにも見られるが、スピノザは主としてヘーレボールドの「メレテマタ・フィロソフィカ」から取ったものとされる。

(二六) スコラ哲学ではアリストテレスにならって原因を起成原因(動力因)、質料原因、形相原因、目的原因に分けた。本節の議論はこれを念頭においてなされている。目的原因を起成原因に帰一させる思想は「エチカ」第四部序言にも出ている。

(二七) 以下に反駁されている論者の論証はヘーレボールドから取られたものであり、ヘーレボールドはさらにこれをペレイラから取ったものと考証される。

(二八) こうした分類はトマス・アクイナスやヘーレボールドにありとされる。

(二九) 「エチカ」一部定理十七の備考でも使用されているこの興味ある比喩はすでに古代のフィーロンや中世のマイモニデス、アヴェロイス等の著作の中に見出される。

(三〇) ヘーレボールドも神の能力、意志、創造等を活動的属性と名づけ、唯一性、永遠性等を非活動的属性と名づけている。

(三一) 人間の霊魂は他の何ものかから分れて生ずるものであるとする神学上の説を Traducianismus または Generatianismus(霊魂伝移説或は霊魂出生説)といい、これに対し人間の霊魂は神から直接創られたものであるとする説を Creatianismus(霊魂創造説)という。本書のこの個所は前者を否定し後者を支持する立場で書かれている。

(三二) 産出(生産)と創造の差異については「短論文」一部二章参照。但し「短論文」のこの個所では創造なるものの実在を認めていない(文庫版同書八十四頁)。

(三三) 十四世紀のフランスのスコラ哲学者ジャン・ブリダンは、驢馬には自由意志がないから、等距離にある二つの等量の食糧の間におかれたらどちらを選ぶこともできず餓死するだろうと説いたといわれる。これに対し、人間はそういう場合餓死することがないから意志の自由を与えられているというのである。本書でスピノザは、デカルトを祖述して意志の自由を説いているのであるから、ブリダンの驢馬の例を利用してそれを証拠立てているのである。しかしスピノザ自身の意見は自由意志の否定にあるのだから、「エチカ」では、人間が厳密にそうした立場におかれると仮定したらやはり餓死するだろうことを容認している(「エチカ」二部定理四十九備考)。

(三四) 意志と欲望の相異については「短論文」二部十六章、「エチカ」二部定理四十八備考等参照。

(三五) 「彼らの師」とはアリストテレスを指す。「短論文」二部十七章でもアリストテレスの定義として意志とは「人が善と思うものに対して感ずる欲求乃至傾向」としている。しかし彼はアリストテレスをしばしば直接にでなくスコラ学者たちを通して引用しているので必ずしも正確でない場合がある。

(三六) ヘーレボールド(Adrianus Heereboord)は十七世紀のライデン大学教授でスコラ哲学者兼デカルト主義者(一六五九年死)。本書や「短論文」や「エチカ」におけるスピノザのスコラ的知識は彼の著「ブルヘルスダイクの論理学綱要」や「メレテマタ・フィロソフィカ」

から採られたものが多い。

（三七）　彼がここに前と何ら関係ない偶有性について言及したのは、スコラ学者たちが、アリストテレスのカテゴリーの図式に従って、実体の論究の後には偶有性について論ずるのが常だったのを念頭においてである。なおこの部への訳者註一、二、三参照。

解　説

本書即ち「デカルトの哲学原理」とその附録の「形而上学的思想」は、スピノザがラインスブルフ時代(一六六〇—六三)に「短論文」「知性改善論」に次いでまとめ上げた第三作である。彼は当時自分の宿にヨハネス・カセアリウス*と呼ぶ彼より十歳下の一青年を同居させていた。スピノザの忠実な門弟の一人であるシモン・ド・フリースはスピノザへの手紙の中で、「あなたと同じ屋根の下に住んでいて朝食にも昼食にも散歩にもあなたと高遠な問題について語り合うことのできる」カセアリウスの幸福をひどく羨やんでいる(書簡八)。これに対しスピノザは、カセアリウスの内にある才能を認めてその将来に期待しながらも、現在の彼は「まだあまりに若くて思想が定まらず、真理を求めているというよりは新奇を求めている」のだから、彼がもっとおとなになるまでは、自分の哲学を彼に伝えないように、ド・フリースやその他の友人たちに注意している(書簡九)。このカセアリウスにスピノザは、或る機会から、哲学を教えることになったのであるが、しかし今いったような理由により、彼独自の学説を伝えることははばかられたので、行く行くはそれへ導く準備としてであるが、まずデカルト著「哲学原理」の第二部と第三部断片及び当時オランダに行われていた形而上学的諸思想の要綱を口授筆記させることにした。そして前者は幾何学的叙述形式により、また後者は幾何学的でない普通の叙述形式によったのであった。

一六六三年の四月スピノザは、アムステルダムへ旅行した時、この原稿を携えて行って同地の友人たちに読んでもらった。彼らはおおむねデカルト主義者であると共に、スピノザの新哲学への帰依者でもあったから、彼の手に成るデカルト哲学の解説書はもっとも歓迎すべきものであった。彼らはデカルト著の「哲学原理」の第一部をも幾何学的形式にまとめてその初めに置くことを望んだ。スピノザは旅行中の短時日の中でこれをまとめ上げ、さらに友人たちの希望にもとづいてこれらすべてを出版することになった。そして友人の一人ロデウェイク・マイエルに依頼してこれに序文をつけさせた(書簡十三)。この序文には、この書の成立の由来や、哲学研究における幾何学的方法の意義や、デカルトとスピノザの哲学の相違や、スピノザの思想の特長などが述べられており、本書を理解するためばかりでなく、スピノザ哲学一般を理解するためにも有益な文章の一つである。ことにこの序文は、あらかじめ十分スピノザの意を体して書かれ、しかも後でスピノザがそれを読んでさらに注文をつけて一部訂正させたものであるから(書簡十五)、スピノザ自身の意見が正確に反映していると見てよいのである。

このようにして本書は、一六六三年も終りに近く、同じく彼の友人の一人であるアムステルダムのリューウェルツの店から出版された。これはスピノザがその生前自己の名前を冠して世に出した唯一の著書である。

* カセアリウス(Johannes Casearius)、一六四二年アムステルダムに生まる。六一年ライデン大学神学生となり、その後ラインスブルフに来てスピノザの同居者兼生徒となる。六八

年キリスト教の宣教師としてインドのマラバール地方に行き、同地で宗教活動及び「マラバールの園」と題する著名な植物学上の一著作への共同作業により名をなした。七七年スピノザに後《おく》れること数ヵ月でジャヴァのバタヴィヤ（ジャカルタ）に死す。

本書のうち最も後で書かれた部分である「デカルトの哲学原理」第一部はデカルトの形而上学――正確にいえば、自我、神及び世界の存在の証明を中心とする一種の認識論――を取り扱ったものである。しかしその資料は、すでに前記マイエルが序文で注意しているように、デカルト著の「哲学原理」第一部から採られたというよりはむしろデカルトの「省察録」から採られている。ところでスピノザは自己形成の過程において、いかに多くをデカルトに負うていたにもせよ、その思想の根底には最初から独自のものを持っていた。だが本書において彼は、彼自身の思想をでなくデカルトの思想を講述する立場にあるのだから、原則として、自己の思想を述べるわけにはゆかない。例えばデカルトは意志の自由を信じ、人間の知性認識に限界をおき、また誤謬は意志の無限性と知性の有限性の結合から生れるものとする。これらの重要な諸点においてスピノザは全く対照的見解を持つ。しかし本書においては、それを出さず、そのままデカルトに従っているのである。だが本書のこの部にはしばしばスピノザ自身の思想の息吹がただよっているのを見逃すわけにはゆかない。デカルト的諸資料の選択や連結がスピノザ一流の考え方に貫かれていることはいうまでもないが、さらに進んで、デカルトの思想への批判と是正とが含まれているのである。例えば神の存在の認識と明瞭判然たる認識一般との間に存するといわれるいわゆる「デカルト循環」(cercle cartésien)に対してはデカルトの答弁を不備なものとして、彼自身の答弁を附加している(緒論)。また神の存在に関するデカルトの人性論的証明の一つを不当なものとして、これを全く書きかえている(定理七)。明瞭判然知の規則に関する証明にも(定理十四)、また感覚を通してなされた物体の存在に関する証明にも(定理二十一)、デカルトの趣旨に則してデカルトを補った適切な表現が見られる。神に延長の属性を帰することは、デカルトに従って一応これを拒否しながらも、どこかにそれを保留するような含みを残して自説を匂わせている(定理九備考その他)。もちろん一般的にいって、本書の第一部はデカルトの形而上学の解説書であることにまちがいはない。ただそれはどこまでも原著者と同等の、或る意味ではむしろ以上の、独創的思想家による解説書であるところに特色がある。そしてその叙述が幾何学的演繹的方法で細心にかつ批判的に行われているだけに、原著には潜在しているにすぎない結論が引き出され、また原著の中では目立たない諸種の問題や難点が浮き出している。この点において、本書はデカルト哲学の理解の上に現在でもなおその価値を持っている。これはスピノザ研究者の側からいわるればかりでなく、デカルト研究者の側からもしばしば指摘される。現代の著名な哲学史家でデカルト研究家のジルソンは、本書の故に、スピノザを「デカルトの比類なき註釈者」と呼び、デカルト哲学解釈の困難な仕事においてスピノザがいかに彼の助けになってくれているかを明らかにしている。*

次に「デカルトの哲学原理」の第二部及び第三部断片はデカルトの自然哲学を取り扱ったもの

である。詳言すれば第二部は「物体に関する諸原理」を、第三部は「見える世界」(主として星学)を論じている。そしてそれぞれデカルト原著「哲学原理」の第二部及び第三部に該当する。所謂「実体的形相」や「隠れた力」などという超物理的原理で自然現象を説明しようとするアリストテレス的スコラ的自然学は、近世科学の発達と共にようやく後退し、数学的機械論的自然学が擡頭して来た。ケプラーやガリレオの後を受けてデカルトはその方面の偉大なチャンピオンであった。彼の自然科学への貢献は純正哲学へのそれに勝るとも劣らぬものと評価される。スピノザは少くもその初期においては全くデカルトの自然学の影響下にあった。彼は本書のこの部において、物質の延長性、運動性、分割性の強調、空虚やアトムの存在の否定の如き一般論から、運動の諸法則の各論に至るまで、またさらには天体成立に関する微粒子の渦動の仮説に至るまで、忠実にデカルトを祖述している。デカルトの自然学は必ずしも現代の物理学と一致せず、ことに物体衝突の法則の如きは確かに誤謬であるけれども、これらは科学史的背景において読み取らるべきものであろう。とにかく、本書のこの部は、最もデカルトに依存して書かれた部分である。しかししばしばスピノザの補正と敷衍《ふえん》が含まれている点は、第一部と異ならないのである。

＊ E. Gilson: Spinoza Interprète de Descartes, in „Chronicon Spinozanum III"

ところで附録の「形而上学的思想」はデカルトの思想そのままでもなく、さればとてスピノザの思想そのままでもない。このためこの部分が果たして何によったものかについては、古来いろいろな解釈があった。これに関し十九世紀末フロイデンタール＊とクノー・フィッシャーとの間に激しい論争の交されたことは人の知るところである。しかし二十世紀の初めにフロイデンタールの弟子レウコヴィッツ＊＊が師の説を補強してから、この論争は落ちつくところに落ちつき、以来、「形而上学的思想」は、フロイデンタールの主張どおり、スコラ哲学との関連において理解されることが、研究者の常識となっている。ここにスコラ哲学というのは、いわゆる新スコラ学、換言すれば、十六世紀にスペインのスワレスによって復活されたスコラ学のことである。この新スコラ学は、十六世紀から十七世紀にかけて各国に帰依者を持ち、オランダにもその代表者としてシャイブラー、マルチニ、ブルヘルスダイク、ヘーレボールド等があった。「形而上学的思想」の中には、これら新スコラ学者の――しかし時には遡ってペトルス・ロンバルドスやトマス・アクイナス等初期、中期のスコラ学者の――著作の諸思想が再現されているのである。スピノザがこれらの著作を直接知ったのか間接にのみ知ったのかについては人によって議論が異なる。ただ確実なのは、彼が少くもヘーレボールドを知り、これを直接利用していることである。ヘーレボールドは彼と同時代の人で、彼の居住地ラインスブルフの近くのライデン大学の哲学教授であり、スピノザは「形而上学的思想」の中でヘーレボールドの名を挙げ、その言葉を引用しており(二部十二章)、また「短論文」や「エチカ」の中でも彼並びに彼の師ブルヘルスダイクの著書の影響が明らかに見られるのである。今スピノザがカセアリウスに哲学の初歩を教えるに当り、まずこれら新スコラ学者の著書を直接間接に利用したのであった。これらの学者はおおむね形而上学――

ここで形而上学というのは主として本体論を意味する——を講ずるに際し、一般部門と特殊部門に分ち、一般部門では有について、また有の情態としての必然性、可能性、時間、持続、一、真、善その他について論じ、特殊部門では、神及び神の属性としての永遠性、必然性、唯一性、広大無辺性、不変化性、単純性、生命、知性、意志、能力、摂理等について、また天使について、さらには人間精神や偶有性について論ずるのが常であった。スピノザの「形而上学的思想」の構成と題材は、一べつして明らかな通り、大体においてこれら新スコラ学者たちの方法に従っているのである。

しかしここに注意すべきは、彼は新スコラ学の方法を模したものの、それは単にその外形と諸概念を借りただけである。スコラ哲学の空虚さと無価値さに対する彼の洞察、「燈心草の中に節《ふし》を求める」底《てい》のそのせんさく癖に対する彼の反撥が、至るところに見られる。そしてスコラ的外形と諸概念に対する肉付けはデカルトから借りているのである。つまり、スコラの古い革に、デカルトの新しい酒を盛ったのである。こうしたスコラとデカルトの結合は彼が初めてでなく、上記ブルヘルスダイクやヘーレボールドもそれをやっている。彼らはスコラ学者であると同時にデカルト主義者なのであった。否、デカルト哲学自体にしてからが、たぶんにスコラ的要素を含んでいるのである。この点からいえば、スコラをその骨組として出来たこの「形而上学的思想」も結局、デカルト哲学の一面を示すものといってよいのである。

なお、さらに注意すべきは、この「形而上学的思想」の中には「デカルトの哲学原理」の中に見られる以上にスピノザ自身の思想が混入していることである。例えば可能性や偶然性は認識の欠陥を示す以外の何ものでもないとか(一部三章)、善や悪は実在せず単に思惟の様態にすぎないとか(同部六章)、人間は自然の一部分であって他の諸部分と有機的一体をなすとか(二部九章)、神の知と人間の知との異なることは星座の犬と吠える動物の犬との異なる如くであるとか(同部十一章)であり、その他この種のスピノザ的考え方は、含蓄的にならず、本書のところどころに点綴されている。もちろんその故に、「形而上学的思想」をスピノザの他の諸著作と同じ態度を以て利用するのは行きすぎである。しかしこの中からスコラ的諸概念に対するスピノザの新しい意味づけやスピノザ独自の思想を汲み取り、以てスピノザ哲学の理解に対するよすがとすることは、研究者にとって許されるばかりでなく、必要なことでもあろう。現に学者のうちにはこうしたことに意を用いているものもある。ロビンソンやウォルフソン等はその例である。この方面はまだ十分開拓されぬ分野だけに、なお探究の余地が残っていよう。ただ繰り返し注意せねばならぬのは、この「形而上学的思想」の中には、スコラとデカルトとスピノザの三者が渾然と入り交っているから、そのえりわけには十分慎重でなければならぬことである。

* J. Freudental: Spinoza und die Scholastik, in „Philosophische Aufsätze, Eduard Zeller zu seinem 50 jährigen Doktorjubiläum gewidmet."

** Z. Lewkowitz: Spinozas Cogitata Metaphysica und ihr Verhältnis zu Descartes und zur Scholastik.

初めスピノザがカセアリウスのため哲学を講じた時、「デカルトの哲学原理」の第二部と第三部断片とに盛られた自然学と、「形而上学的思想」の中に説かれた形而上学とが相まって、一つのまとまった哲学入門書を構成していたはずである。この両者のいずれが先に出来たのであろうか。もちろん、アリストテレス流に、まず自然学を教えて、しかる後に形而上学を説いたということも考えられるであろう。しかしスピノザ本来の行き方としては、彼の弟子にまず形而上学の一般概念に通じさせ、その後自然学へ導いたということがもっと蓋然的と思われる。ことに自然学の叙述は中途で筆を止めており、形而上学の方は完結していること、前者は幾何学的形式にまとめられ後者は普通の形式で書かれていることを思い合せれば、やはり形而上学の方が先に出来たのではないだろうか。果たしてそうとすれば、この部は本書中最も初めに出来たものであることになる。そして後でスピノザがアムステルダムに旅行した際、デカルトの形而上学——これは前にもいったように主として一種の認識論である——を幾何学的形式で書き上げて第一部となし、これと第二部及び第三部断片を合せてデカルト哲学の解説書として本書の主部に据えたので、先の「形而上学的思想」は附録として後置されることになったのである。そして主部から附録へ、また附録から主部へとそれぞれ参照を附して主部と附録を有機的につなぎ、統一ある一書にまとめ上げたのであった。こんな次第で、デカルト哲学の解説書としては本書の主部が優越的意義を有することもちろんであるが、スピノザ自身の哲学の理解のためには、附録の「形而上学的思想」

の方がむしろ多くの示唆を含んでいるとも言えるのである。

本書出版の直接の動機は、前述のように、友人たちの希望にもとづいたのであった。しかしそのほかに、スピノザの心中には或る期待が抱かれていたこともここでついでながら述べておきたい。それは、この書の出版を足がかりとして、自己本来の哲学を世に問う機会を得ようとしたことである。一六六三年四月彼はオルデンブルクに宛てて書いている「……なぜ私がこの論文を出版させるかの理由をもお知らせしましょう。その理由というのは、この論文の出版を機として、恐らく、私の祖国で指導的地位を占めている二、三の人々が、私自身の意見を述べた私の他の書物を見たいと望み、そのため私がそれを何らの危険なしに出版し得るように配慮してくれるだろうと思うからです。もしそういうことになれば、私は疑いもなく直ちに若干のものを公表することができるでしょう……」(書簡十三)。ここに「祖国で指導的地位を占めている人々」とは、専ら、後に彼の保護者となった当時のオランダの大政治家ヤン・ド・ウィットを意味するものと解される。これに反し、「彼が公表を意図した若干のもの」とは何を意味するか必ずしも明らかでない。「短論文」と「知性改善論」を一つにまとめ上げようとする意図はこの頃すでに放棄されていたし、「神学・政治論」の起草はこれから何年か後のことに属するからである。これはやはり「エチカ」のことであろう。「エチカ」の第一部、そして恐らく第二部も、大体この頃は出来上っていたと見られるからである。しかし彼のこの意図は何らかの事情で結局実現するに至らなかった。

だがこの「デカルトの哲学原理」の出版は彼の名声を内外に広める結果となった。丁度十年の後、ハーグに住んでいたこの貧しいレンズ磨きの哲学者に対し、著名なハイデルベルヒ大学から、哲学の正教授として招聘したいという丁重な手紙がとどいたのも、本書出版の一余波であった。

デカルトの星学を取り扱った本書主部の第三部は断片のままで残っている。ロデウェイク・マイエルの序文によれば、これはスピノザが「ここで教授をやめたから」である。なぜやめたかといえば、それは単に外的な理由、即ち彼がラインスブルフを去ってフォールブルフに移転したためか、或はその前にカセアリウスがスピノザの家を出たためであると考えられる。同じくマイエルの序文によれば、この書の初版が売りつくされて再版が出る場合には、第三部の断片を完成し、それと同時に、他の部にも若干の補正を行うことが予定されていた。しかし断片完成のこの計画も実現されなかった。これは「エチカ」のための仕事がようやく本格的になってその余暇がなかったためであろう。或る研究者——アッピューン——が、スピノザは本書出版後まもなくデカルト物理学の立場を離れたため、もはやこれを仕上げる興味を失ったのだといっているのは当らない。スピノザは、形而上学的理由もあって、デカルト物理学の立場を全面的に捨てたが、それは晩年のことであって(書簡八十一)、本書出版の二年後即ち一六六五年頃には、まだ大体においてデカルト物理学の諸法則を遵奉していたからである(書簡三十二)。とにかく、その理由はいずれとしても、本書の改訂版はついに世に現われなかった。そのかわり、初版出版の翌年には、友人の一人ピーテル・バリングによるオランダ語訳が出版された。この蘭訳は注目に価いする。なぜなら、この中には十数ヵ所にわたり、テキストの活字にしてそれぞれ一行から時には二十行に及ぶ補充が見られるからである。これだけ多くの補充がバリング個人の考えでなされたとは見難く、やはりスピノザ自身が手を加えたものと見るべきであろう。スピノザも或る書簡の中で、間接的表現においてではあるが、この事実を裏書きしているのである(書簡二十一の最後の一節参照)。これらの補充は本書の主部と附録とを通じてなされている。その著しいものは例えば主部第二部の定理二十七の証明に附された補充や、附録第一部三章や第二部四章に附せられた註、同じく第二部七章の初めに附加された叙述などである。ことにこの最後のものの中では、物事の原因がわからぬ度にいつも「神の意志」に逃げ場を求める世の哲学者たちを激しく非難し、後年「エチカ」第一部附録で展開される目的論的世界観排撃への第一歩を踏み出している。これらによって「形而上学的思想」のスピノザ色は一段濃くされ、このようにして次第にスコラからデカルトへ、デカルトからスピノザへの道が開かれている。私のよったゲプハルト全集のテキストには、幸い、これらの補充がすべて入れられているから、私のこの邦訳もこれを〈 〉の印の中に入れて訳しておいた。

最後に本書の諸国訳について一言する。本書は純粋にスピノザの思想を盛ったものでないから、彼の他の諸著作程にしばしば諸国語に訳されていない。しかしスピノザ哲学の研究に本書を全く欠くことはもちろんできない。外国訳の主なるものはA・ブヘナウの独訳、C・アッピューンの仏訳、H・ブリタンの英訳などである。ソ連では一九二六年、スピノザの他の諸著作に先立って本書が訳された。我国でもこれまで斎藤晌氏及び新福敬二氏の訳が出ている。

デカルトの哲学原理《てつがくげんり》 附 形而上学的思想《けいじじょうがくてきしそう》
スピノザ著

1959年9月5日 第1刷発行
2023年4月5日 第17刷発行

訳 者 畠中尚志《はたなかなおし》

発行者 坂本政謙

発行所 株式会社 岩波書店
〒101-8002 東京都千代田区一ツ橋 2-5-5

案内 03-5210-4000 営業部 03-5210-4111
文庫編集部 03-5210-4051
https://www.iwanami.co.jp/

印刷・精興社 製本・中永製本

ISBN 978-4-00-336158-0 Printed in Japan

読書子に寄す

――岩波文庫発刊に際して――

岩波茂雄

真理は万人によって求められることを自ら欲し、芸術は万人によって愛されることを自ら望む。かつては民を愚昧ならしめるために学芸が最も狭き堂宇に閉鎖されたことがあった。今や知識と美とを特権階級の独占より奪い返すことはつねに進取的なる民衆の切実なる要求である。岩波文庫はこの要求に応じそれに励まされて生まれた。それは生命ある不朽の書を少数者の書斎と研究室とより解放して街頭にくまなく立たしめ民衆に伍せしめるであろう。近時大量生産予約出版の流行を見る。その広告宣伝の狂態はしばらくおくも、後代にのこすと誇称する全集がその編集に万全の用意をなしたるか。千古の典籍の翻訳企図に敬虔の態度を欠かざりしか。さらに分売を許さず読者を繋縛して数十冊を強うるがごとき、はたしてその揚言する学芸解放のゆえんなりや。吾人は天下の名士の声に和してこれを推挙するに躊躇するものである。このときにあたって、岩波書店は自己の責務のいよいよ重大なるを思い、従来の方針の徹底を期するため、すでに十数年以前より志して来た計画を慎重審議この際断然実行することにした。吾人は範をかのレクラム文庫にとり、古今東西にわたって文芸・哲学・社会科学・自然科学等種類のいかんを問わず、いやしくも万人の必読すべき真に古典的価値ある書をきわめて簡易なる形式において逐次刊行し、あらゆる人間に須要なる生活向上の資料、生活批判の原理を提供せんと欲する。この文庫は予約出版の方法を排したるがゆえに、読者は自己の欲する時に自己の欲する書物を各個に自由に選択することができる。携帯に便にして価格の低きを最主とするがゆえに、外観を顧みざるも内容に至っては厳選最も力を尽くし、従来の岩波出版物の特色をますます発揮せしめようとする。この計画たるや世間の一時の投機的なるものと異なり、永遠の事業として吾人は微力を傾倒し、あらゆる犠牲を忍んで今後永久に継続発展せしめ、もって文庫の使命を遺憾なく果たさしめることを期する。芸術を愛し知識を求むる士の自ら進んでこの挙に参加し、希望と忠言とを寄せられることは吾人の熱望するところである。その性質上経済的には最も困難多きこの事業にあえて当たらんとする吾人の志を諒として、その達成のため世の読書子とのうるわしき共同を期待する。

昭和二年七月

《哲学・教育・宗教》〔青〕

- ソクラテスの弁明・クリトン　プラトン　久保勉訳
- ゴルギアス　プラトン　加来彰俊訳
- 饗宴　プラトン　久保勉訳
- テアイテトス　プラトン　田中美知太郎訳
- パイドロス　プラトン　藤沢令夫訳
- メノン　プラトン　藤沢令夫訳
- 国家　全二冊　プラトン　藤沢令夫訳
- プロタゴラス　―ソフィストたち　プラトン　藤沢令夫訳
- パイドン　―魂の不死について　プラトン　岩田靖夫訳
- アナバシス　―敵中横断六〇〇〇キロ　クセノポン　松平千秋訳
- アリストテレス　ニコマコス倫理学　全二冊　高田三郎訳
- アリストテレス　形而上学　全二冊　出隆訳
- アリストテレス　弁論術　戸塚七郎訳
- アリストテレース詩学・ホラーティウス詩論　松本仁助・岡道男訳
- 物の本質について　ルクレーティウス　樋口勝彦訳
- エピクロス　―教説と手紙　出隆・岩崎允胤訳

- 生の短さについて　他二篇　セネカ　大西英文訳
- 怒りについて　他二篇　セネカ　兼利琢也訳
- エピクテトス　人生談義　全二冊　國方栄二訳
- マルクス・アウレーリウス　自省録　神谷美恵子訳
- 老年について　キケロー　中務哲郎訳
- 友情について　キケロー　中務哲郎訳
- 弁論家について　全二冊　キケロー　大西英文訳
- キケロー書簡集　高橋宏幸編
- エラスムス＝トマス・モア往復書簡　沓掛良彦・高田康成訳
- 方法序説　デカルト　谷川多佳子訳
- 哲学原理　デカルト　桂寿一訳
- 精神指導の規則　デカルト　野田又夫訳
- 情念論　デカルト　谷川多佳子訳
- パンセ　全三冊　パスカル　塩川徹也訳
- 知性改善論　スピノザ　畠中尚志訳
- スピノザ　エチカ（倫理学）　全二冊　畠中尚志訳
- モナドロジー　他二篇　ライプニッツ　谷川多佳子・岡部英男訳

- ハイラスとフィロナスの三つの対話　バークリ　戸田剛文訳
- 市民の国について　全二冊　ヒューム　小松茂夫訳
- 自然宗教をめぐる対話　ヒューム　犬塚元訳
- 人間機械論　ド・ラ・メトリ　杉捷夫訳
- エミール　全三冊　ルソー　今野一雄訳
- ルソー　告白　全三冊　桑原武夫訳
- 人間不平等起原論　ルソー　本田喜代治・平岡昇訳
- ルソー　社会契約論　桑原武夫・前川貞次郎訳
- 政治経済論　ルソー　河野健二訳
- 学問芸術論　ルソー　前川貞次郎訳
- 演劇について　―ダランベールへの手紙　ルソー　今野一雄訳
- 言語起源論　―旋律と音楽的模倣について　ルソー　増田真訳
- ディドロ、ダランベール編　百科全書　―序論および代表項目　桑原武夫訳編
- ディドロ　絵画について　佐々木健一訳
- 道徳形而上学原論　カント　篠田英雄訳
- 啓蒙とは何か　他四篇　カント　篠田英雄訳
- 純粋理性批判　全三冊　カント　篠田英雄訳

カント 実践理性批判　波多野精一・宮本和吉・篠田英雄訳
判断力批判 全二冊　カント　篠田英雄訳
永遠平和のために　カント　宇都宮芳明訳
プロレゴメナ　カント　篠田英雄訳
学者の使命・学者の本質　フィヒテ　宮崎洋三訳
シュライエルマッハー 独白　木場深定訳
哲学史序論 —哲学と哲学史　ヘーゲル　武市健人訳
ヘーゲル 政治論文集 全二冊　金子武蔵訳
歴史哲学講義 全二冊　ヘーゲル　長谷川宏訳
法の哲学 —自然法と国家学の要綱　ヘーゲル　上妻精・佐藤康邦・山田忠彰訳
自殺について 他四篇　ショウペンハウエル　斎藤信治訳
読書について 他二篇　ショウペンハウエル　斎藤忍随訳
知性について 他四篇　ショーペンハウエル　細谷貞雄訳
将来の哲学の根本命題 他二篇　フォイエルバッハ　松村一人・和田楽訳
不安の概念　キェルケゴール　斎藤信治訳
死に至る病　キェルケゴール　斎藤信治訳
体験と創作 全二冊　ディルタイ　柴田治三郎・小牧健夫訳

眠られぬ夜のために 全二冊　ヒルティ　草間平作・大和邦太郎訳
幸福論 全三冊　ヒルティ　草間平作・大和邦太郎訳
悲劇の誕生　ニーチェ　秋山英夫訳
ツァラトゥストラはこう言った 全二冊　ニーチェ　氷上英廣訳
道徳の系譜　ニーチェ　木場深定訳
善悪の彼岸　ニーチェ　木場深定訳
この人を見よ　ニーチェ　手塚富雄訳
プラグマティズム　W・ジェイムズ　桝田啓三郎訳
宗教的経験の諸相 全二冊　W・ジェイムズ　桝田啓三郎訳
純粋経験の哲学　W・ジェイムズ　伊藤邦武編訳
純粋現象学及現象学的哲学考案 全二冊　フッセル　池上鎌三訳
デカルト的省察　フッサール　浜渦辰二訳
愛の断想・日々の断想　ジンメル　清水幾太郎訳
ジンメル宗教論集　深澤英隆編訳
笑い　ベルクソン　林達夫訳
道徳と宗教の二源泉　ベルクソン　平山高次訳
物質と記憶　ベルクソン　熊野純彦訳

時間と自由　ベルクソン　中村文郎訳
ラッセル教育論　安藤貞雄訳
ラッセル幸福論　安藤貞雄訳
存在と時間 全四冊　ハイデガー　熊野純彦訳
学校と社会　デューイ　宮原誠一訳
民主主義と教育 全二冊　デューイ　松野安男訳
歴史と自然科学・道徳の原理に就て・聖「プレルーディエン」より　ヴィンデルバント　篠田英雄訳
我と汝・対話　マルティン・ブーバー　植田重雄訳
アラン 幸福論　神谷幹夫訳
アラン 定義集　神谷幹夫訳
天才の心理学　E・クレッチュマー　内村祐之訳
英語発達小史　H・ブラッドリ　寺澤芳雄訳
日本の弓術　オイゲン・ヘリゲル述　柴田治三郎訳
饒舌について 他五篇　プルタルコス　柳沼重剛訳
ことばのロマンス —英語の語源　ウィークリー　寺澤芳雄・出淵博訳
人間 —シンボルを操るもの　カッシーラー　宮城音弥訳
国家と神話 全二冊　カッシーラー　熊野純彦訳